Así empezaron

Pequeños relatos de gente en la arena

Nerea Gutiérrez

Así empezaron
Pequeños relatos de gente en la arena

Primera edición: 2025

ISBN: 9788410457416
ISBN eBook: 9788410457867

© del texto:
    Nerea Gutiérrez

© Foto de autora:
    Kat Cruz

© del diseño de esta edición:
    Caligrama, 2025
    www.caligramaeditorial.com
    info@caligramaeditorial.com

Impreso en España – Printed in Spain

*Para todos los que en algún momento
sintieron que aquí no había nada para ellos.*

Y para Olivia, mi fuente de ternura y reflexión.

Índice

Prólogo

Conocí a Nerea en un evento organizado por una increíble emprendedora que conocerás en estas lecturas. Desde los primeros minutos de conversación, me llamó la atención su forma de escucharte atentamente, de interesarse por ti con honesta curiosidad e interés. Luego me enteré de que tenía un pódcast que nacía justamente de esa curiosidad e interés por descubrir a las personas con espíritu emprendedor y por entender cómo habían conseguido encontrar su camino al éxito. El canal lo creó para aprender de ellos y, al mismo tiempo, compartirlo con nosotros mientras disfrutaba haciéndolo. ¿No te parece ya un gran aprendizaje?

Si algo sé es que detrás de cada historia hay un relato de lo que nos contamos o nos creemos, especialmente cuando se trata de nuestras experiencias.

Aún conservamos la creencia de que hablar de nosotros como héroes de nuestra historia es egocentrismo o vanidad y luego andamos por ahí buscando que alguien nos valore, nos aprecie o nos descubra, como si tuvieran que darnos permiso para ser y brillar con toda la luz que tenemos.

Hay un miedo a encandilar y por eso vamos por ahí ocultando nuestra luz, nuestro esfuerzo, nuestros deseos, sueños y logros.

Es probable que tengas muchas historias que contar, muchos inicios y otros tantos finales, pero la última que has comenzado en el camino de emprender es la que puede poner foco y luz para guiar a otros a que también lleguen. Por eso es importante compartirla y que el relato que te cuentes sea poderoso, porque solo tú sabes todo el camino recorrido para llegar hasta donde estás.

En tiempos de oscuridad, todos necesitamos de historias que nos inspiren, enseñen y contagien a emprender cada día la historia de nuestra vida.

Nerea Gutiérrez no solo es una gran profesional del *storytelling,* sino que es una gran persona que, con su genuino interés por escucharte, saca la mejor versión de tu historia de marca personal, de empresa, de vida, porque ¿qué es la vida sino un continuo emprendimiento?

De su trabajo me ha maravillado su autenticidad, las preguntas claras, directas, esas que todos queremos saber en el fondo: lo real y no la fachada que nos queremos creer o nos quieren contar.

Al escucharla, como ahora leerla, vuelvo a sorprenderme de la sutileza en su arte profesional. Nerea logra que cada persona que cuenta su historia de cómo empezó su camino brille, se apasione y se encienda hasta poder casi oír latir su corazón.

Y no hay nada más poderoso que hacer latir el corazón y contagiarnos de esa ilusión.

Nerea no solo es una experta en lo que hace, sino que tiene el don/talento de saber escuchar y ha logrado reunir la esencia de varias personas que han realizado su camino al éxito y tienen una historia con corazón propio que compartir.

En esta obra, no solo encontrarás la historia inspiradora de muchos emprendedores, sino también aprendizajes, ideas, experiencias y sueños cumplidos que te conducirán a buscar tu propia historia y a querer contarla.

A todos nos gustan las historias bien contadas porque nos abren nuevos caminos. Esto es lo que sucede con cada relato en este libro.

Cuentan algunas viejas historias que había tribus que tocaban el tambor para recordar el latir del corazón de la tierra y recordarnos la vida.

Te invito a disfrutar cada lectura, entregarte a ese latir de cada historia, atreverte a soñar y, sobre todo, a emprender tu historia, tu vida, tu empresa, al ritmo que late tu corazón, y a preguntarte cuándo comienza realmente tu historia.

CARINA BARKER
Sabiduría emocional

Introducción

«No es el crítico quien cuenta, ni aquel que señala al ver cómo el fuerte se tambalea, ni el que indica en qué cuestiones quien hace las cosas podría haberlas hecho mejor.

El mérito recae exclusivamente en el hombre que se halla en la arena, aquel cuyo rostro está manchado de polvo, sudor y sangre, el que lucha con valentía, el que se equivoca y falla el golpe una y otra vez, porque no hay esfuerzo sin error y sin limitaciones.

El que cuenta es el que lucha por llevar a cabo las acciones, el que conoce los grandes entusiasmos, las grandes devociones, el que agota sus fuerzas en defensa de una causa noble, el que, si tiene suerte, saborea el triunfo de los grandes logros y, si no la tiene y falla, fracasa al menos atreviéndose, de modo que nunca ocupará el lugar reservado a esas almas frías y tímidas que ignoran tanto la victoria como la derrota».

THEODORE ROOSEVELT, *El hombre en la arena*

Mayo 2022

—Victoria, mira este libro. Está hermoso. ¡Mira qué fotografía! Divino. Pero es que se nota tanto que les han enviado las preguntas por correo y todas juntas, no hay un hilo, no hay seguimiento —le digo a Victoria Frías.

—Ya, tía. Es que las preguntas tampoco son muy buenas —me responde.

Ya éramos dos personas de acuerdo. Y si éramos dos evidentemente éramos más.

—Es que yo lo puedo hacer mejor —le dije.

Un año y medio después, con mi marca personal en proceso, no encontré razones para seguir postergándolo.

Una de las puertas de entrada del proceso creativo es la inspiración: ves algo que te gusta y quieres hacer algo similar. «Roba como un artista», dice Austin Kleon. Pero es solamente una puerta de entrada porque, a medida que vas creando, lo vas modificando: le vas quitando cosas que no te resuenan del todo y vas agregando otras que sientes que van más contigo. Le vas poniendo tu personalidad.

—Te vas descubriendo a medida que vas creando cosas —me dijo Carla Patroni en una entrevista que luego leerás.

Lo que empezó como una idea de un libro conceptual con mejores preguntas que aquel que mirábamos con Victoria se transformó en un compendio de historias de emprendedores basado en entrevistas a las cuales luego les daría un marco conceptual para resaltar el valor, quizá escondido, de cada conversación. A ello luego le agregaría un detrás de escena que ilustrara la importancia de la red. Porque, como diría Hillary Clinton, *It takes a village*.

O algo así como *ubuntu*, esa filosofía sudafricana de comunidad y colaboración que significa 'soy porque somos'.

La idea del detrás de escena, de mostrar cómo llego a cada emprendedor, surgió luego de leer *Desayuno con partículas,* de Sonia Fernández-Vidal y Francesc Miralles. A Sonia también la leerás en este libro. Y si lees ese libro suyo quizá veas qué idea fue la que artísticamente le robé.

En este libro, encontrarás historias y reflexiones de emprendedores de varias partes del mundo que he conocido en Andorra. Algunos tienen sus negocios en el área digital o en YouTube; otros operan desde el fondo del mar, desde un bosque o desde un escenario.

Algunos han creado cosas desde la propia necesidad; otros, desde la exploración y la diversión. A algunos les ha llevado mucha prueba y error lograr lo que se proponían; a otros se les presentó bastante fácil.

Algunos han emprendido porque su propuesta y su negocio les hacían ilusión; otros no distinguen su negocio de su identidad. Algunos han jugado varios campeonatos; otros están en sus primeros partidos.

Muchos caminos y comienzos distintos, muchas nacionalidades, muchas motivaciones. Pero hay algo que todos tienen en común: **que todos están en la arena.**

Susanne Georgi

Me & My
Stars Studios Andorra

De: @soynereagutierrez
Para: @susannegeorgiofficial

Hola, Susanne:
Soy Nerea. No me conoces, pero te vengo siguiendo con lo que haces en Stars Academy y Eurovisión hace un tiempo.

Mira, estoy en proceso de escribir un libro sobre emprendedores en Andorra y me gustaría mucho que estés. El libro va a ser un sueño, lleno de relatos propios de los fundadores sobre sus experiencias, aprendizajes y obstáculos.

¿Qué me dices? ¿Te gustaría? Me encantaría contar con tu historia. Si te interesa, dime y te cuento más.
Saludos,

Nerea

[Mensaje de audio de cuarenta y seis segundos]. Hola, guapa. Muchísimas gracias por tu mensaje. Guau, ¡qué buena idea!, me encanta. Acabo de llegar de Dinamarca, estamos escribiendo un libro con mi hermana, así que estoy encantada (...) Te dejo mi móvil y me contactas por WhatsApp, ¿vale? Y acordamos para tomar un café y me cuentas más. ¡Un abrazo!

Susanne me dio una lección arrolladora de actitud y mentalidad. Quizá lo mejor fue porque no sabía nada de su pasado como artista en Me & My, una banda que fue número uno en Dinamarca en los años noventa.

Me & My no me sonaba de nada, excepto que cuando busco el nombre de la banda en Spotify y escucho la primera canción en la lista fue como un viaje instantáneo a mi infancia.

—Pero ¡es que yo esta canción la escuchaba en la radio de mi pueblo! Susanne, en un pueblo de Argentina, rodeado de vacas, trigo y soja, yo escuchaba esta canción —le dije.

—Y mira —me responde con una sonrisa—, ahora estás sentada aquí conmigo.

Grit y resiliencia. Mientras que el *grit* es una mezcla de perseverancia y de pasión por conseguir metas a largo plazo, la resiliencia es la capacidad de adaptación frente a una situación adversa. Susanne Georgi tiene ambos y me resulta difícil pensar que reunir esas dos cualidades en una misma persona no sea pronóstico de éxito.

Susanne me contó que cuando tenía dieciséis años dejó el colegio, se mudó a Copenhague y se puso a trabajar. Su sueño era cantar y su familia la apoyaba. Tenía una demo para mostrar a las discográficas y fue su padre quien le dio posiblemente uno de los consejos que marcarían el inicio de su carrera:

—Cuando hables a la discográfica, no te quedes con la secretaria: ve a hablar con el jefe. Haz todo lo posible para hablar con el jefe.

Claro, pero ¿cómo conseguir hablar directamente con el jefe? Pues haciéndose pasar por alguien a quien el jefe atendería.

Eso hizo. Durante un mes, llamó al director de la discográfica todos los días y siempre consiguió hablar con él. Ante la repetida negativa a recibir la demo que ella y su hermana Pernille habían grabado y luego de que esta persona la amenazara con denunciarla por acoso, Susanne sacó su bandera blanca. Pero antes le advirtió una cosa:

—Vale, no le llamaré más. Pero recuerde muy bien mi nombre, porque dentro de seis meses voy a firmar con EMI y estaremos dando conciertos por todo el mundo.

Seis meses después, habían firmado con EMI, estaban dando conciertos por todo el mundo y esta persona las estaba viendo desde abajo.

¿Era arrogancia? No.
¿Era un deseo muy grande? Tampoco.

Era, por un lado, una confianza plena en su talento y en su capacidad de conseguir lo que se proponía. Por el otro, quizá la lección más importante que aprendí de esta conversación: que no había una estrategia de salida. No había plan B.

¿Estaban preparadas Pernille y tú para el éxito de Me & My?

No. Teníamos los valores correctos —nada de drogas, nada de alcohol—, pero era difícil. Fue todo muy repentino. Venir a Andorra, para mí, fue un escape.

Mi hermana y yo siempre hemos cantado y hemos grabado desde los doce años. Ya a esa edad firmamos con una discográfica pequeña e hicimos dos discos infantiles. Mi padre era nuestro *manager* en aquel entonces y nos conseguía conciertos cada fin de semana.

No recuerdo tener ropa nueva porque no había dinero. De hecho, la ropa que teníamos venía dada de nuestras primas o de segunda mano. Pero siempre había casetes para grabar canciones. Siempre había una guitarra, un piano, y mis padres vivían endeudados por comprarnos instrumentos a nosotras. Mi padre decía que no se pueden pelar las patatas sin el pelador, entonces se gastaban mucho dinero para que nosotras hiciéramos música. El día más importante fue cuando fuimos mi hermana y yo a pagar la deuda de mis padres y lo hicimos con el primer cheque que recibimos de EMI. Eso fue lo primero que hicimos. Y fue realmente una sensación de haberlo conseguido.

Cuando escribieron *dub i dub,* vuestro gran *hit,* ¿intuían que iba a ser el éxito que terminó siendo?
No. Y es curioso, porque ahora ya puedo decir si una canción va a triunfar o no. Pero con dieciocho años no tenía idea de nada. Cuando la escribí, era, más bien, un *soul.*

Yo salí del cole con dieciséis años. Tenía claro que, para mí, estudiar era una pérdida de tiempo. Sabía leer, escribir, sumar y restar. Eso fue lo único que yo saqué del colegio. Mi mente funciona así: si algo no me interesa, se cierra.

Tengo la suerte de que siempre he sabido, desde pequeña, lo que quería hacer: o actriz, o cantante. La realidad es que a los dieciséis años la mayoría no saben lo que quieren. Mi objetivo era ir a Copenhague porque en el pueblo en el que vivíamos no pasaba mucho. Entonces dejé el cole, me fui y cogí un trabajo como recepcionista y haciendo café. Y los fines de semana, entre los diecisiete y los dieciocho años, era un sin parar de mirar las páginas amarillas y llamar por teléfono a los teatros y a discográficas. Hacía unas diez llamadas cada día.

Cuánto más fácil lo tenemos ahora, que enviamos un *e-mail* y ya. Antes tenías que poner tu voz.
Y presentarte y llamar a la puerta. Te cuento una anécdota. ¿Te acuerdas del grupo Ace of Base?

¡Sí!
Bueno, ellos habían firmado con una discográfica en Dinamarca y vendían millones, entonces yo quería probar mi suerte con esa discográfica también.

«Entre los diecisiete y los dieciocho años, era un sin parar de mirar las páginas amarillas y llamar por teléfono a los teatros y a discográficas. Hacía unas diez llamadas cada día».

Mi padre siempre ha dicho: «Vete a la cabeza, no al culo». Y es verdad, ¿por qué llamar a la secretaria cuando puedes hablar con el jefe?

¿Tal vez porque el jefe no te recibe?
Claro, ese es el problema, el jefe no recibe a cualquiera. ¿Qué pasa? Que en esta empresa en la que trabajaba me daban muchos cursillos de ventas, de *marketing* y esas cosas. En esos dos años, aprendí más que en los dieciséis del cole.

Aprendí muy rápido a cómo llamar y conseguir hablar con el jefe: haciéndome pasar por alguien a quien él sí que atendería. Durante un mes lo llamé todos los días y, fácilmente cada día, conseguí hablar con él. Llamaba en inglés, llamaba en alemán, le decía a la secretaria que me estaba comunicando desde la BBC, cualquier cosa para que me pasase con él.

Y cada día que hablaba me repetía lo mismo:

—No sé cómo has podido conseguir volver a hablar conmigo, pero no quiero hablar contigo.

Me decía que no podían coger más artistas y yo le respondía que ya, pero que todavía no había escuchado mi casete.

—Pero es que no queremos más artistas —me decía.

—Pero es que usted no sabe quién soy yo —le volvía a insistir.

Así. Discutiendo cada día.

Me acuerdo de la última llamada porque se enfadó muchísimo. Me dijo que él era un hombre que trabajaba mucho, que nadie conseguía hablar con él, que no quería saber nada más de mí ni de mi hermana y que si llamaba una vez más iba a denunciarme ante la policía por acoso.

Ahí me di cuenta de que no tenía sentido seguir insistiendo, pero le dije:

—Vale, le juro que no volveré a llamarle nunca más, pero de aquí a poco va a verme triunfar por todo el mundo y el que se va a joder va a ser usted. Recuerde mi nombre: Susanne Georgi. Recuérdame porque se va a joder.

Y colgué el teléfono.

Y medio año después, en los Grammy de Dinamarca, estábamos en el escenario. Éramos número uno en todo el mundo y llegamos a vender más discos que ningún otro artista en Dinamarca hasta ese entonces. Y me acuerdo de que en el *after party* vino desde la otra punta de la sala, que estaba llena de famosos, pero el éxito más grande del año éramos mi hermana y yo, y me decía: «Tú, tú, tú», mientras me señalaba con el dedo. Y yo le miro y le digo: «¿A que jode? Encantada». Me giré y me fui.

Ay, lo que quisiéramos que nos pase a todos. Hasta con nuestro ex.

¡Exacto! Esta historia me la llevo hasta que me muera, porque para una niña de dieciséis años que venía de un pueblo de mala muerte, que nadie creía en ella, haciendo cientos de *castings* y recibiendo tantas negativas, eso fue muy grande.

Es que tú no le decías eso a este hombre desde el deseo. Tú lo visualizabas.

Es que lo sabía. No me preguntes por qué, pero lo sabía. Yo sabía que había nacido para eso, para triunfar. Y lo sé ahora con mis hijas. Ellas lo quieren y yo les he prometido que lo van a hacer. Y si ya lo he prometido, entonces ahora hay que hacerlo.

Nunca me pasó de tener algo tan claro. Te envidio mucho.

Es que estamos en una sociedad en la que no te dejan pensar así. Mira, cuando hablo con algunos sobre mis hijas, que son pequeñas, pero que están muy seguras de que quieren cantar, y les digo que las voy a ayudar a que persigan y tengan éxito en esa carrera, muchos me dicen que debo tener un plan B por si no funciona. Pero ¡es que no es una opción! Si yo dejo que esas palabras entren en mi cabeza, ya no lo van a lograr. Ni mis hijas ni yo.

Arnold Schwarzenegger dice lo mismo: que cuando tienes un plan B, te relajas con el plan A y no le pones tanta energía.

Estoy de acuerdo. Quizá es porque mi familia era muy pobre y lo estaba dando todo por nosotros, entonces no tenía la opción, no había plan B. Era solo el plan A.

Y de ahí, ¿cómo surge Stars Academy, que ahora es Stars Studio?

Fue curioso, porque fue casualidad. Me tuve que operar de dos nódulos muy grandes en las cuerdas vocales por usar tanto mi voz. Y ahí me di cuenta de que la estaba usando mal.

Entonces, solo por curiosidad, me fui a Barcelona e hice un máster de Estill Voice Training, un entrenamiento de voz con una técnica totalmente diferente. Fue un antes y un después. Antes cantaba bien; ahora canto espectacular. Puedo cantar ópera si quiero, porque tengo la técnica para todo. Tengo las herramientas que antes no tenía y esto teniendo los mejores entrenadores de voz del mundo.

Ahora que soy *vocal coach,* me he dado cuenta de que muchísima gente que trabaja como *vocal coaches* son realmente muy básicos. Y yo ya estaba en un nivel en el que lo básico no me servía para nada. Yo siempre digo que lo mejor que puedes hacer es coger lo mejor que has aprendido de todos tu *coaches* y crear tu propio método y es lo que hemos hecho Francesca (mi socia) y yo. Es un método bastante distinto. Y estamos entrenando a gente de manera *online* con nuestro método.

Yo empecé con los niños y eso fue casualidad. Tenía dos amigas con niños que me decían que cantaban muy bien y me sugirieron hacer un grupo con los hijos de ambas y con las mías. Eran seis. Y acepté así sin más. Pero ya que eran seis podrían ser más. Entonces escribí un WhatsApp al grupo de mamis para ver si podíamos tener al menos diez. Eso sería más divertido porque podríamos trabajar algo de armonía. Y en una semana tenía treinta alumnos.

Esto fue hace casi nueve años. No tenía local ni nada.

¿Y dónde metiste treinta niños?

Tuve la gran suerte de que mi suegro tenía un local libre. Fue una casualidad tras otra. Fue increíble. Honestamente, lo hice un poco por mis hijas. Yo quería que mis hijas fueran a un sitio donde los profes sean cantantes de verdad, que entendiesen de televisión, de trabajar los nervios, de puesta en escena, y no había nadie aquí que pudiera enseñar eso.

Aquí formamos artistas. Trabajamos los nervios, a que se quiten la vergüenza a hablar en público.

¿Qué es lo que menos disfrutas de esta etapa emprendedora?

Como digo yo siempre, las cosas que más amas también son las que más odias, en cualquier cosa en la vida, hasta en tu pareja. Hay una línea muy fina. Me encanta llevar el negocio y me gusta luchar. Si no me gustara, no estaría luchando todos los días por tantas causas, pero esa lucha a veces es muy cansina. Creo que es porque estoy en un país pequeño y aquí la gente piensa de una manera en la que yo no pienso.

Por ejemplo, vengo luchando desde hace seis años para que vuelva Andorra a Eurovisión y estoy hasta las narices porque tengo el dinero, tengo a un equipo fantástico y profesional que podría llevar a una canción ganadora, pero llevo reuniones y reuniones durante años sin que pase nada. Y es muy duro escuchar que es muy buena idea, que lo quieren hacer y luego vienen todas las excusas. Algo tan grande, tan importante para un país tan pequeño y mi mente no llega a entender por qué puede ser tan difícil conseguirlo. Es muy frustrante.

¿Cuáles son los principales aprendizajes que te has llevado al momento como artista y como emprendedora?

Siempre tener todo por escrito.

Y que todos necesitamos una Francesca es nuestra vida.

Una frase que repitas mucho, algo así como un mantra:
Never lose focus (nunca pierdas el foco). Me lo digo cada día a mí y se lo repito casi cada noche a mis hijas. Toda la información y las opiniones que vengan de los laterales no te sirven de nada. No puedes permitir que las situaciones malas te influyan, porque va a haber muchas. No pierdas el foco.

Un libro:
El secreto, de Rhonda Byrne.

«No puedes permitir que las situaciones malas te influyan, porque va a haber muchas. No pierdas el foco».

Escucha esta conversación desde
soynereagutierrez.com/pequenos-relatos

Sonia Márquez

Andorrita

Conversación con Sonia Márquez en un café una mañana de otoño.

—Bueno, te cuento —le dije mientras dejaba el capuchino sobre la mesa—. Estoy escribiendo un libro sobre emprendedores en Andorra y quiero que estés.

—¡Qué guay!

—Sí. A ti ya te he entrevistado en mi pódcast, pero podríamos ampliar. Es que no puedo escribir un libro sobre esto y que tú no estés.
—Claro que sí. Cuenta conmigo. Es más, te organizo yo la presentación.

Hay que hacerlo y ya. Eso es lo que me enseñó Sonia. Cuando hablé por primera vez con ella, a mediados del 2023, venía compartiendo en mi pódcast la mentalidad de dos personas que destacan por crear cosas constantemente y por no andarse con demasiadas vueltas. Dos personas que deben tener su diálogo interno, como supongo que cualquiera, pero que saben bajarle el volumen.

Hablaba de Richard Branson y de Michelle Obama.

Pero lo que sucede cuando hablamos de esos grandes nombres es que solemos ponerlos en lugares inalcanzables. Los consideramos casos atípicos. Quizá lo sean, quizá no. Lo más probable es que se trate de personas que con una visión muy clara, la autoestima muy alta y una mentalidad resolutiva que no ponen la mirada sobre los obstáculos, sino sobre las soluciones. Gente que dice: «Tengo un problema, voy a resolverlo».

Sonia Márquez tiene esa mentalidad. Y para inspiración, no solo hay que mirar a los grandes nombres. A mí Sonia me inspiró. Ella tenía un problema y pasó a la acción. Y mira que justo había otros con el mismo problema que ella.

Yo era una de ellas y junto con otra expatriada, allá por el invierno del 2018, nos planteamos abrir un club para conocer gente. A diferencia de Sonia, nos mareamos en el cómo hasta que nos perdimos y abandonamos la idea entre listas de eventos que podíamos hacer, cómo organizaríamos cada uno y la estrategia de comunicación.

Sonia es la welcome person de Andorra. Según ella, lo importante para sacar cualquier proyecto adelante es poner la idea sobre la mesa, escuchar, hacerlo sencillo y desapegarnos del resultado.

Cuando empecé con Andorrita, tenía treinta y cinco seguidores en Instagram: mi madre, mis hermanos, mis primos y mis tíos. No tenía a nadie más. Podría haber esperado y hacer una estrategia de comunicación, un Instagram estupendo, un plan de negocios, la misión, la visión y todo eso. Pero, en realidad, lo que yo quería era probar una idea, probar si yo podía aportar un valor a la sociedad en la que me encuentro.

Llegué a Andorra en pospandemia, es decir, que las relaciones sociales eran un poquito más complicadas por todas las restricciones. No conocía a nadie. Llegué en junio y al principio eran como unas vacaciones. Pero llegó septiembre, mi niña empezó el cole, mi marido retomó su trabajo y yo en casa que me subía por las paredes.

Entonces ahí estaba, en la calle de la amargura, cuando mi marido me dijo: «Oye, monta un punto de encuentro. Si no sabes en dónde está la gente, atráela tú».

«Entonces ahí estaba, en la calle de la amargura, cuando mi marido me dijo: "Oye, monta un punto de encuentro. Si no sabes en dónde está la gente, atráela tú"».

Es verdad que yo intenté encontrar esos espacios en Andorra y no los encontré. No encontré un punto de encuentro donde sea solo charlar. Y entonces lo creé.

Fue un 11 de noviembre. Grabé la invitación en un vídeo que mandé por WhatsApp a los pocos conocidos que tenía y les di permiso para que lo reenviaran. Contraté un espacio y un pequeño aperitivo.

Llegó el día D, hora H, y ahí estaba yo, a las siete de la tarde más sola que la una y pensé: «Bueno, pues será que no ha tenido mucho éxito».

Sabía que iban a venir unos cuantos, pero ahí todavía no había nadie. A las siete y media de la tarde se empezó a animar y al final llegaron veintiséis personas. Bastante bien. Y, sobre todo, porque a muchos no los conocía de nada.

Me pareció supermágico que viniera gente atraída a la nada, porque realmente no sabían de qué iba, en ningún momento lo expliqué. Yo tenía una necesidad, pero no la supe transmitir muy bien desde el principio.

Lo hiciste supersimple. ¿Fue algo natural o estratégico?
Venía de mi experiencia profesional, de haber creado puestos desde cero, desde la experiencia del cliente. Es algo que me sale natural.

Yo lo que quería era conectar y noté en el encuentro que podría funcionar. Entonces, ¿qué se necesita para conectar? Un espacio en exclusiva donde puedas charlar tranquilamente y un pequeño aperitivo para pasarlo un poquito mejor. No necesitaba nada más.

Ya después comencé a preguntarle a la gente qué le gustaría, con qué quisiera encontrarse, y ahí empecé a dibujar lo que sería Andorrita. Pero no mucho más, porque hay que improvisar. Lo importante para mí era dar valor y cubrir una necesidad. El cómo no era lo importante, ya lo haría mejor. No quería poner foco en eso. Quería poner foco en las personas.

Y así nació. Había una necesidad y la había testado, ahora le podía dar forma. Pero no le di forma antes porque, al final, el camino se hace andando. Entonces saca la idea con lo mínimo y con la mejor intención. Yo siempre digo que lo hice con mucha alegría, con mucho desapego al resultado porque Andorrita no es un negocio, sino un proyecto social, y con algo de arrojo y valentía.

¿Cuál es tu mayor aprendizaje hasta ahora con Andorrita?
El triunfo de la sencillez. Andorrita tiene una estructura nada compleja: un encuentro mensual, espacio en exclusiva, catering ligero, invitaciones simples, redes sociales sin marketing. En un mundo donde priman los grandes impactos, solo di importancia

a la esencia de Andorrita, que es la magia de las personas conectando.

«Había una necesidad y la había testado, ahora le podía dar forma. Pero no le di forma antes porque, al final, el camino se hace andando».

Y, aunque sea sencillo, no quiere decir que sea fácil. Aprendo observando cómo se relacionan las personas para que, sutilmente, cada vez tengan mejores experiencias en los encuentros y fuera de ellos.

Sé que te has creado dos barómetros para tomar decisiones y hacer las cosas: PODER y TIA. Cuéntame sobre eso.
Para conseguir cualquier objetivo, ya sea estudiar, cuidarte, crear una familia, enamorarte o lo que sea, se tiene que hacer con TIA. Esto es, tiempo, intención y acción.

Yo quiero ser la welcome person de Andorra, la mejor conectora de personas posible ayudando a integrarse en el país. Esa es mi misión con Andorrita, pero solo lo haré con TIA.

Por otro lado, esa misma misión y mi tendencia a estar siempre ayudando me hacen decir sí a proyectos o ideas de otras personas. Para no desviarme de mi camino utilizo el filtro del PODER. Cada vez que me proponen algo me pregunto:

Persona: Quien me hace la propuesta, ¿es afín a mis valores?

Objetivo: ¿Me acerca o me aleja de mis propios objetivos?

Dinero: ¿Voy a tener una retribución económica o de otro tipo?

Energía: ¿Me da o me roba energía?

Reputación: ¿Afectará adecuadamente a mi reputación?

Si hay más de dos «no», rechazo la propuesta con un gracias de corazón a la persona que me la hizo.

Alguna frase que repite mucho:
«¿Y si sí?».

La mayoría de las buenas ideas se quedan viviendo en la cabeza, donde son perfectas y preciosas. Cuando vas a ejecutarlas, aparece el Sr. Miedo, que, con su afán de protegerte, dice que ejecutar esa idea seguramente sea un fracaso que te hará daño.

Pero, al final, nunca nada es tan importante como para no intentarlo. Porque ¿y si sí? Y si no, pues aprendizaje que te llevas.

Un referente:
Cualquier persona que al llegar a una sala provoque el abrazo y la sonrisa en los demás. Personas vitamina que enseñan que lo mejor que puedes hacer en esta vida es el bien a los que te rodean.

Un libro:
Tres: Cómo hacer amigos e influir sobre las personas, de Dale Carnegie; Nunca comas solo, de Keith Ferrazzi y Tahl Raz; y Patria, de Fernando Aramburu.

«Nunca nada es tan importante como para no intentarlo. Porque ¿y si sí?».

Ona Saumell

Empresaria artista

De: @soynereagutierrez

Para: @ona_saumell_rovira

Hola, Ona:

A ver si te acuerdas de mí. Nos conocimos en la presentación del Club Minerva en septiembre. Me contaste sobre tu arte, sobre lo que te estás proponiendo. Tengo una propuesta para hacerte. Estoy escribiendo un libro.

De: @ona_saumell_rovira

Para: @soynereagutierrez

Claro que me acuerdo de ti. Me encantaría. ¿Qué tal el miércoles a las tres de la tarde?

No es tanto lo que haces, sino la actitud que le pones a lo que haces.

Ona emprendió en el arte. Su abuelo, Jasin Saumell, había sido un pintor muy reconocido en Andorra, pero que nunca había logrado vivir de eso.

—Mi abuelo pintaba que no sabes, pero era pobre —me contó antes de sentarnos a grabar en la sala de su casa, con tres grandes pinturas de fondo: una de su abuelo, otra de su padre y, entre medio de ambas, una hecha por ella.

Esa experiencia de su abuelo se convirtió en el faro de Ona: la vida de su abuelo era exactamente la vida que ella no quería como artista.

—¿Empresaria artista o artista empresaria? —fue mi pregunta.

—Empresaria artista. Definitivamente —me respondió.

Ona hizo ingeniería inversa. Contrario a lo que muchos artistas convencionales, incluso emprendedores, suelen hacer, ella visualizó la vida que quería y, en base a eso, decidió qué iba a crear y cómo lo iba a llevar a cabo.

—Cuando me di cuenta de que podía ganarme la vida muy bien haciendo esto, me propuse hacer cuadros por los que la gente esté dispuesta a pagar un precio alto. Si yo pintase cuadros de quinientos o mil euros, no podría vivir de esto —me comentó cuando hablábamos sobre su estrategia detrás. Una estrategia que, a sus veinticuatro años, no le viene saliendo nada mal.

¿No te cansas de contar tu historia?

No, y la contaría un millón de veces. Es un regalo que te das a ti mismo y que se lo regalas a quien te está escuchando, de recordar las emociones, de hacer la retrospectiva de tu trabajo. Es como leer tu propio libro. ¿Y cómo no vas a disfrutar leyendo tu propio libro? Nunca me voy a cansar de contar mi historia porque estoy orgullosa de ella. Y me pasa muchas veces que me doy cuenta de que hay cosas que yo hice en un momento simplemente porque quise y que, de repente, tienen sentido ahora.

A ver...

Te doy un ejemplo. Mis padres se hicieron muy amigos de una persona que es muy importante en la educación emocional y tiene un centro de educación emocional en Barcelona que se llama La Granja Escola. Yo empecé a trabajar con ella cuando tenía catorce años como ayudante de monitor. Y entonces me dieron unos cursos de educación emocional. Justo al terminar mi carrera de Administración de Empresas en Santander, cuando no sabía qué hacer, terminé de hacer los cursos oficiales para ser educadora emocional. Ahí aprendí lo que no está escrito.

Pasaron muchas cosas de por medio: mi carrera como artista despega, empiezo a aparecer en medios y, de repente, me llaman de Naturland, que es la franquicia de La Granja Escola en Andorra. Me dijeron que necesitaban una directora para que llevara el proyecto adelante. ¿Qué mejor que dirigir un equipo y un proyecto como ese, que yo ya conocía y del que había sido una de las primeras en formar parte?

Estuve un tiempo, me encantaba, pero lo tuve que dejar, aunque me supiera fatal. Por un lado, había un techo; por el otro, no me daba tiempo para seguir pintando.

Qué feo tener que elegir entre dos cosas que te gustan mucho.
Sí, pero al final la balanza estaba muy clara: veía que con la pintura podría llegar a un nivel económico mucho más alto dedicándole más tiempo. El otro proyecto iba a ser siempre un salario.

Quizá en algún momento puedas unir los puntos.
Ya los estoy uniendo. Por eso te decía que esto tiene sentido ahora porque yo hoy, con mis pinturas, nunca te voy a hacer una presentación como las que hace todo el mundo. Yo siempre voy a hacer una performance, normalmente una charla, y voy a contar una historia que toque las emociones de la gente. Gracias a haber estudiado tanto las emociones, sé dónde tocar, sé cómo hablarte, sé qué pausas hacer para crear esa emoción, porque lo sé y lo he practicado. Si la emoción que quiero transmitirte es

amor, voy a tener que crearte un ecosistema, una esfera, para que se pueda sentir ese tipo de emoción. En mis presentaciones siempre terminan todos llorando, pero es que yo busco eso.

Ahora, en tus redes sociales no veo eso.
No. Para verlo tienes que venir a mis presentaciones. Las redes son una pantalla fría.

Mira, yo he venido a esta vida a cumplir mis sueños, porque se me ha dado esa posibilidad. Ese es mi lema. Porque tú no puedes cumplir tus sueños si no tienes tus necesidades básicas cubiertas y yo las tengo.

La pirámide de Maslow.
Exacto. Tener eso cubierto me ha permitido soñar. Cuando yo empecé con lo de la pintura, en la primera exposición que hice tuve un despertar, una sensación que se volvió adictiva, que es la de darme cuenta de que acababa de cumplir un sueño. No sabes el subidón que me dio darme cuenta de eso. Desde entonces, eso es lo que persigo.

¿Empresaria artista o artista empresaria?
Empresaria artista. Cien por cien. Un artista pinta porque le gusta y porque le nace. Un empresario pinta para ganarse la vida y para que eso que hace valga un dinero. Jamás pensé en mí como artista, sino como emprendedora. Yo emprendí en el arte.

Mira a Salvador Dalí: no era un pedazo de artista. Para mí, Cézanne y todos los que tengo en mi librería aquí le daban cincuenta vueltas a Dalí. Pero ¿qué tenía Dalí? El marketing. Él fue a una peluquería y pintó un bigote en el espejo. De ahí nació el bigote y esa peluquería es famosa. ¿Acaso eso no es creativo? Hasta ese momento, ningún artista hacía eso. Para ser artista, debías usar los soportes tradicionales.

Nos consideramos una sociedad avanzada, pero somos amantes de lo convencional. La persona que sale de lo normal es la persona extraña. Por eso seguimos obsesionados en darle el nombre de artista única y exclusivamente a la persona que pinta y que estudió cuatro años todas las técnicas de arte para poder pintarte luego la imitación o copia de cualquier cosa.

Busca la definición de artista en el diccionario: «alguien que crea algo desde su ser».

Todos somos un poco artistas. Pero, personalmente, creo que es artista aquel que es capaz de generar una emoción a quien ve lo que ha hecho de modo que no le deja indiferente. Ahí pondría el límite. Y agregaría que se es artista cuando la gente es capaz de moverse para ir a ver su obra.

¿Cuánto más artista eres? Cuantos más seguidores tienes. Si tú llenas una sala de novecientas personas única y exclusivamente para escucharte o verte a ti, entonces eres un artista, porque has logrado que toda esa gente se movilice por ti, por lo que haces o por tu mensaje. Eso es lo que yo creo.

Yo llené la sala del casino con ochocientas personas en un evento que empezó a las once de la noche y terminó a las tres de la madrugada. Entonces yo me considero artista. Pero, como te dije, yo me metí en arte porque quería ser empresaria.

Me habías dicho que tenías representantes, ¿no?
Sí, es muy reciente. Te explico por qué. Andorra tiene cosas muy buenas y cosas muy malas. Cuando vuelvo a Andorra después de haber explotado a nivel artístico en Santander, me doy cuenta de que este país tenía muchas cosas a mi favor.

Por un lado, yo empecé con un tema que era el de pintura de mujeres, que tiene un peso social que atrae mucho a las instituciones públicas. Por otro lado, soy joven, que ya es un atractivo. He sido emprendedora, otro atractivo más. ¿Y Andorra qué tiene? Que es pequeño y eso hace que sea más fácil tener visibilidad. Y si a eso le sumas que tienes contactos porque somos de aquí, entonces tenía todos los ingredientes para hacer la receta.

Empecé en Andorra para crecer en Andorra y todos estos ingredientes me han permitido que cuando alguien busca mi nombre en internet me encuentre en las primeras tres páginas de Google. Si a esto lo ve alguien de Australia, les va a dar igual el tamaño del país. Lo que va a ver es que hay tres páginas de Google hablando de Ona Saumell en medios nacionales.

«Jamás pensé en mí como artista, sino como emprendedora. Yo emprendí en el arte».

Tú no estás en galerías, ¿no?
No, nunca. Tampoco lo he buscado porque no cuadra con mi perfil. Si se me da la oportunidad, nunca voy a decir que no. A lo que le voy a decir que no es a hacer una exposición mundana en donde cuelgo los cuadros y ya. Yo tengo arte comercial, no clásico. Cuando digo que hago arte comercial es porque yo pinto sabiendo que ese cuadro va a ir a una casa y pensando cómo quedaría en esa casa. Esto es estrategia pura.

¿Lo haces por encargo, entonces?
No, pero es como si lo fuera. Mira, al principio, hacía obras más pequeñas porque no había estrategia, había un sueño y un proyecto que tenía que hacer que te cuento en un momento. Pero cuando me di cuenta de que podía ganarme la vida muy bien haciendo esto me propuse hacer cuadros por los que la gente esté dispuesta a pagar un precio alto, que merezca la pena el trabajo.

Yo no podría vivir de esto si mi cliente solo pudiese pagar quinientos o mil euros por un cuadro. El cliente que necesito es aquel que ocho mil o nueve mil euros no le hacen ni pestañear.

De ahí que decidí hacer un producto que le guste a la clase social alta, porque a una clase media le hace daño pagar un cuadro al valor que yo busco. La clase alta puede permitirse caprichos. El primer capricho es quizá el automovilístico. El segundo, tal vez la relojería y la joyería. El tercero, el inmobiliario y una casa pequeña seguro que no tienen. Y el último, y el que solo frecuentan los que tienen esos tres primeros, es el arte. Ese es mi cliente. Ese es el público al que quiero llegar. De aquí es que yo haga cuadros grandes: es para gente que tiene una casa grande. Y fíjate que todos los que hacen cuadros comerciales trabajan en formatos muy grandes.

Yo no gusto a los artistas convencionales, no les hago ni pizca de gracia.

«Al principio, hacía obras más pequeñas porque no había estrategia».

Un logro que te haya hecho mucha ilusión:
Cuando hice la primera colección como proyecto de la universidad se llamaba Women of the world y era un elogio a la lucha feminista. De esa colección, había tres cuadros reivindicativos que destacaban: uno era en blanco y negro; era de una geisha y denunciaba que todavía hay culturas que siguen tratando a la mujer como un objeto.

El segundo era dorado, un homenaje a las chicas turcas porque coincidió con una manifestación en Turquía en la que asesinaron a tres mujeres que salieron a pelear por sus derechos.

Y el tercero era todo negro. Era el burka. Es tapar la voz de una mujer.

La idea era mostrar que, a pesar de los grandes logros, queda un trayecto inmenso para seguir trabajando.

Cuando tuve esto, quise hacer algo grande, de impacto. Me puse a buscar ONG y encontré una que se llama Nueva Vida. Esta ONG tiene muchos apartados sociales, uno de ellos es sacar a las mujeres de la trata y la explotación sexual. Hablé con ellos y les ofrecí darles una parte de lo que ganara con la venta de toda la colección de diez cuadros. A ambas partes nos servía porque sería difusión para el proyecto de la ONG y para mí. Fuimos el símbolo feminista de Santander de ese año.

Vendí todas las obras y les llevé mil euros en un sobre a las chicas que habían rescatado de la prostitución. Hablé con ellas. Me contaron sus vivencias. Salí destrozada. Ambiguamente, fue el día más duro y el más feliz de mi vida. Las chicas lo usaron para hacer un viaje lúdico, el primer viaje lúdico que hicieron después de haber vivido la mierda que habían vivido. Fueron felices.

Fue tal el subidón que, desde ese momento, siempre colaboro con proyectos altruistas. Es algo que me hace sentir viva.

Tu mayor aprendizaje:
Que si tú crees en ti la gente también lo hará. Tú tienes que ser la primera.

Lo que menos disfrutas:
El momento en que tengo que decir el precio. Eso, y los nervios antes de cualquier presentación, que son ingestionables.

Un consejo que te haya marcado:

El de un profesor el primer día de clase en la universidad: «Como eres mujer y quieres entrar en un mar de tiburones, que nunca te vean llorar».

Y el de una educadora al final de curso en una sesión de feedback, cuando me largué a llorar frente a todos: «Cuando una persona llora y muestra sus debilidades es cuando es fuerte, porque es capaz de mostrarlas y seguir luchando. Las personas que no las muestran son las débiles, porque les da miedo».

Gracias al primer consejo crecí y gracias al segundo empecé a vivir. Agradezco a los dos.

Una persona que te inspire:

Dos. Daria Kolosova y Elena Gual.

«Si tú crees en ti, la gente también lo hará. Tú tienes que ser la primera».

Escucha esta conversación desde
soynereagutierrez.com/pequenos-relatos

«SI NO TE ESTÁS DIVIRTIENDO, ESTÁS HACIENDO ALGO MAL».

GROUCHO MARX

Fabian Zuidinga

Ticketbar + Tiqets.com

[Mensaje de audio para Fabian Zuidinga]
Hola, Fabian:
A ver si te contó Vivian. Estoy escribiendo un libro sobre emprendedores en Andorra y pensé en ti y en tu experiencia montando un negocio de afiliación. Se me vienen a la cabeza preguntas como cómo llegaste a tener una de las plataformas de venta de tiques más grandes del mundo; por qué montaste un negocio de afiliación de un producto con márgenes tan bajos; cómo gestionaste el período de la pandemia, en que todas las atracciones estaban cerradas en todo el mundo (...)

De: Fabian Z.
Para: Nerea
Buenos díaaas:
¡Qué buena iniciativa! Feliz de contribuir.

Mientras que algunos empiezan con un objetivo claro en mente, como es el caso de Ona Saumell, otros solo empiezan explorando y por diversión, con intención, pero sin una visión clara a largo plazo.

Cuando Fabian y su socio Lars empezaron en el 2009 con Ticketbar, no visualizaban en lo absoluto en qué se convertiría una década más tarde ese pequeño proyecto que tenían entre manos.

Esta es una pregunta que me hago siempre: lo que vemos hoy, ¿es fruto de ponerse un objetivo y trazar la estrategia para alcanzarlo o es el resultado de ir haciendo a medida que los caminos se van abriendo?

El caso de Fabian es el segundo. Lo que comenzó con una máquina expendedora de entradas para visitar museos y atracciones turísticas que tenían la intención de colocar en varios hoteles de Ámsterdam se convirtió años más tarde en una plataforma online de venta de tiques presente «en cada ciudad del mundo en donde haya turismo», así me lo dijo Fabian.

Hay un desafío que muchos emprendedores se encuentran cuando pasan de ser solo los fundadores a un equipo de muchas personas: cómo gerenciar sin abandonar el espíritu creador que los llevó originalmente a emprender. Fabian y Lars se encontraron en esa situación y verás cómo lo resolvieron.

Estaba estudiando en Ámsterdam junto con Lars, quien luego sería mi socio. Tenía diecinueve años. Un día paso por el Museo Van Gogh y veo una cola enorme de gente para comprar los tiques. Me acuerdo de pensar: «Esto es estúpido, deberían tener los tiques de antemano». La misma escena se repetía en otros museos y en otras atracciones: la fila enorme de gente para comprar las entradas. Estamos hablando del 2009 o el 2010. Si bien podías comprar los tiques online, era complicado. Los hoteles los vendían, pero desde la recepción. Entonces tenías que hacer cola en la recepción, pagar en recepción, recoger los tiques en otro lado... No era para nada conveniente.

Le cuento esto a Lars y se nos ocurrió crear una empresa que consistía en venderles a los hoteles unas máquinas expendedoras de tiques. Como no todo el mundo en aquel momento tenía un móvil desde donde comprar las entradas, nos pareció que era la mejor solución. No teníamos el modelo de negocio claro, pero empezamos.

Montamos la máquina expendedora, que nos costó un par de miles de euros. Era grande y no funcionaba muy bien, pero era suficiente como para probar.

Lars trabajaba en un hostel, entonces pusimos la primera máquina ahí, en el subsuelo. Lo que no tuvimos en cuenta es que en ese hostel todo el mundo estaba drogado y el tipo que trabajaba ahí les decía a los huéspedes que se trataba de una máquina para viajar en el tiempo. Así. Un desastre. Imagina cuánto vendimos. Pusimos todo nuestro tiempo y dinero en el lugar equivocado.

Luego pusimos esa misma máquina en otro hotel y ahí sí que hubo aceptación. En lugar de haber colas frente a los museos, ahora había cola frente a nuestra máquina.

Pero, al final, el desarrollo era demasiado grande y demasiado caro y los hoteles no querían comprarla. Era el 2009, estábamos en plena crisis. No era un buen momento.

Entonces ahí pensamos que quizá lo mejor sería tomar el software de la máquina y ofrecerles eso a los hoteles, que desde recepción imprimiesen los tiques y que el hotel se llevase una comisión.

«Los márgenes eran muy bajos, pero nosotros éramos muy jóvenes, entonces no necesitábamos tanto».

Esa idea funcionó muy muy bien y pronto Lars y yo íbamos en bicicleta a todos los hoteles promocionándonos. Teníamos dieciocho y diecinueve años y los hoteles lo veían curioso, pero, a la vez, como algo nuevo y conveniente. No había nadie haciendo lo mismo en aquel momento. Teníamos algunos competidores, pero lo hacían de otra manera y la nuestra era muy fácil.

Los hoteles eran nuestros afiliados y nosotros los afiliados de los museos, los cuales no querían gestionar la relación con todos los hoteles de Ámsterdam, que en aquel entonces eran unos trescientos cincuenta.

Entonces los márgenes eran muy bajos.

Los márgenes eran muy bajos, pero nosotros éramos muy jóvenes, entonces no necesitábamos tanto. Así y todo, al principio vendíamos unos cien tiques al día, lo que significaba unos doscientos euros entre los dos. Bastante bien.

Cuando llegamos a trabajar con la mitad de los hoteles en Ámsterdam, decidimos expandirnos. La siguiente ciudad que probamos fue Barcelona. Alquilamos bicicletas, hicimos acuerdos con algunos museos y atracciones en persona y pedaleamos a todos los hoteles.

¿En persona?
Sí.

Eso es interesante.
Sí. Es que creo que si hablas en persona en vez de por e-mail puedes explicar las cosas mejor. Especialmente ahora, que quizá recibes cien correos al día.

Y nos encontramos con que la cultura en Barcelona era totalmente diferente. En Holanda, todos decían que sí o que no. Pero en Barcelona nos decían que sí y luego no pasaba nada. Muy curioso.

Entonces, porque Barcelona no funcionó, decidimos buscar una forma de prescindir de los hoteles, de que no fuesen ellos los encargados de vender los tiques. Ahí fue cuando nos pasamos al mundo online, que ahora se ve muy lógico y fácil, pero en ese momento éramos prácticamente los únicos en Ámsterdam y en Barcelona haciéndolo.

Y de ahí empezamos a mirar a Roma, a Ciudad del Cabo y a otras ciudades. Contactamos hoteles, pero ahora como otra opción, porque empezamos a buscar afiliados online y oficinas de turismo.

Fue un boom. De repente, todo era más rápido. Y empezamos a crecer y llegamos a ser cuarenta personas trabajando desde varios países: desarrolladores en Turquía, atención al cliente desde Portugal, tuvimos una oficina aquí en Andorra con dieciséis personas.

¿Cuál crees que es la diferencia entre vosotros y otras personas o empresas que trabajan en el mismo sector con el mismo modelo, pero que no han llegado a los mismos resultados?

Que trabajamos muy codo a codo con nuestros afiliados. No es que les damos una plataforma y que hagan lo que quieran. Hablamos con todos y les preguntamos qué podemos darles que sea interesante para ellos. A ellos eso les sirve, a nosotros también.

¿Qué pasó durante la pandemia cuando todas las atracciones estaban cerradas?

Hasta ese momento, seguíamos creciendo. Estábamos al comienzo de la temporada alta, habíamos contratado mucha gente para trabajar en la oficina de Portugal. Cada año, veníamos creciendo al 50, 60 y 70% y pronosticábamos la mejor temporada de nuestra vida.

¡Es un montón!

Es un montón y es difícil y no siempre es divertido. El 11 de marzo, les dijimos a todos que íbamos a trabajar solo media jornada. Dos días más tarde, tuvimos que despedir a casi toda la plantilla. Teníamos miles de clientes a los que les debíamos devolver el dinero. Miles de correos por día de clientes que querían el reembolso.

«Muchos nos miran y nos preguntan cómo pueden hacer lo mismo. Si tienes esa pregunta, entonces quizá no eres emprendedor».

Y ese año nos fusionamos con Tiquets, que habían sido competidores nuestros. Nuestra plataforma sigue estando, pero todas las ventas se gestionan desde Tiquets. Y es mucho mejor, porque antes teníamos que gestionar absolutamente todo nosotros: teníamos que lidiar con las atracciones, servicio al cliente, y se nos estaba haciendo una bola. Ahora gestionamos la parte técnica desde Tiquets y la relación con nuestros afiliados y socios desde Ticketbar.

La fusión fue un proceso intenso, pero que valió mucho la pena.

Me dijiste antes que hay partes de llevar el negocio adelante que no son divertidas.

No. Es que lo más divertido es en la etapa de inicio de un proyecto, cuando estás lleno de energía. Cuando creces, no todos están en la misma página, las cosas van más lento de lo que querrías, no siempre es fácil encontrar buena gente para trabajar, especialmente en Andorra porque muchos ya tienen trabajo y no es fácil traer gente de fuera.

Pero Lars y yo somos más emprendedores que gerentes.

¿Todavía te sientes emprendedor?

Absolutamente. En un momento, nos encontramos que estábamos gerenciando y eso no es lo que nos gusta. Nos gusta pensar nuevas ideas y estar en contacto con otros emprendedores, no estar gestionando las tareas diarias. Por eso estamos contentos con la fusión que hicimos, porque ahora podemos enfocarnos más en la parte emprendedora que en la de gestión.

¿Cuáles han sido los principales obstáculos para empezar?

En varias ocasiones pensamos en abandonar, especialmente aquella vez en donde llevamos nuestra máquina al hostel y el tipo que trabajaba ahí les decía a todos que era una máquina del tiempo. Pero realmente no lo consideramos seriamente.

«Debes empezar con algo. Nosotros empezamos con algo completamente diferente a lo que hacemos ahora y puede que el negocio sea completamente diferente de aquí a diez años».

Es que Lars y yo siempre nos divertimos mucho. Al principio nos costó, pero nos divertía. La diversión era nuestra motivación. Y sigue siéndolo. No siempre es fácil o divertido, pero nos seguimos divirtiendo.

¿Qué estudiaste en la universidad?

Negocios.

Antes de empezar con el proyecto, ¿hicisteis el plan de empresa y estas cosas?

No. Bueno, sí, de una página.

¿Harías algo distinto si pudieses volver a empezar?

Abandonar proyectos o ideas más temprano y buscar por otro lado.

Principales aprendizajes:

Que debes empezar con algo. Nosotros empezamos con algo completamente diferente a lo que hacemos ahora y puede que el negocio sea completamente diferente de aquí a diez años.

Eso. Que hay que empezar. Ya en el camino aprenderás. Muchos nos miran y nos preguntan cómo pueden hacer lo mismo. Si tienes esa pregunta, entonces quizá no eres emprendedor.

Y también creo que es una gran ventaja empezar de joven, porque cuando te acercas a las personas con tus ideas resultas curioso y te escuchan. Eso nos pasó a nosotros cuando nos acercamos hace quince años al Museo Van Gogh: dimos la impresión de buenos chicos. Por eso nos dieron la oportunidad.

Un referente:

Difícil pregunta. Especialmente, porque a medida que voy creciendo, voy dejando de admirar a muchas personas. Admiro a la gente que crea cosas diferentes, como Gaudí, Steve Jobs o Bezos. Ese tipo de gente.

Un consejo empresarial que no te haya servido o que te juegue en contra:

No sigo muchos consejos. Tampoco leo muchos libros sobre empresas y negocios. Usamos nuestro propio sentido común y seguimos adelante.

Una frase que repitas mucho:

Es una frase de mi padre. Él no hablaba inglés, pero en la última etapa de su vida empezó a hablar inglés, algo muy extraño. Sabía de nuestros esfuerzos y antes de morir nos dijo a mi hermano y a mí en inglés: «Automatizad todo». Muy extraño. ¿Por qué serían esas sus últimas palabras?

Ahora, en cada cosa que hacemos, pienso de qué manera podemos automatizarla para evitar crear algo que nos dé más problemas.

Un libro:

Un libro promocional de Google que leí en el 2014 en el que dice que cualquier cosa que crees debes crearla pensando en el cliente. Si creas una solución, siempre se venderá. Y que siempre debes pensar en que todos ganemos.

«Lars y yo siempre nos hemos divertido mucho. Al principio nos costó, pero nos divertía. La diversión era nuestra motivación. Y lo sigue siendo».

Borja Muñoz

Borjatube

Club84

Autor de El pequeño libro del day trading; Gana dinero, vive mejor; Cambia de vida en 90 días, y Day trading en una semana

Conversación por WhatsApp con Sonia Márquez:

—Le he preguntado a Borja y ha aceptado. Te paso su número y arreglas directamente con él, ¿vale?

—¡Genial! Gracias, Sonia :)

Suelo no documentarme mucho antes de hacer una entrevista. Las veces que lo he hecho terminé con un sabor agridulce: como ya sabía casi todo sobre esa persona, nada de lo que me respondían me sorprendía. Y la sorpresa no se puede fingir.

De Borja Muñoz sabía muy poco. Sabía que había abierto Club84 recientemente, un club con una cantidad de miembros muy limitada para gente que se lo quiere pasar bien, que había tenido un canal de YouTube sobre inversiones y *trading* y nada más.

Quizá podría haber mirado un poco más y enterarme de que tenía varios libros escritos y habría quedado más profesional.

—No pasa nada —me dice Borja.

Borja me contó que había tenido un negocio muy exitoso, pero que lo había cerrado porque ya no le resonaba. Eso lo vas a leer ahora en la entrevista, pero mira qué interesante la razón por la que abre Club84:

—Cuando cerré el negocio anterior, me pregunté qué es lo que quiero hacer los próximos diez años: conectar con personas y pasármelo bien. Entonces, al tener eso claro, creé el club sin darle demasiada vuelta, simplemente porque está alineado con esa visión.

Repasemos:

«Me pregunté qué es lo que quiero hacer los próximos diez años». Eso es visión, no es un objetivo. No es SMART ni nada de eso que nos enseñan en las escuelas de negocio y en cualquier formación de *marketing* o emprendimiento. Es una guía, una idea vaga, pero que le sirve para decidir en dónde pone su tiempo y su energía ahora.

—Si no es divertido, da igual que sea rentable. No lo hago —sentencia Borja.

La entrevista quedó en mis archivos y la transcribiría un par de meses más tarde, pero esta última frase se quedó en mi cabeza. Tiempo después, *La Vanguardia* publicó una entrevista a Roberto Canessa, uno de los sobrevivientes de la tragedia de los Andes, que me llevó de vuelta a ese café con Borja y a la conversación que leerás. Mira lo que decía Roberto Canessa: «Aprendí en la vida a no apostar al éxito porque a veces el éxito se te posterga. Y entonces estás frustrado y piensas que no vas a llegar. Lo importante es el compromiso de ir hacia donde quieres ir en la vida. Y mantenerlo».

Algo similar dice James Clear: «Cuando te enamoras del proceso más que del producto final, no tienes que esperar hasta el desenlace para permitirte ser feliz».

Y me recuerda a algo que afirma Scott Adams en su libro Cómo fracasar en casi todo y, aun así, triunfar: «Los objetivos son para perdedores».

La diversión, entonces, queda como parte central de la ecuación. Pero ¿qué sucede con las metas? ¿Nos ponemos objetivos o vamos haciendo lo que tenemos ganas? Pues ni blanco ni negro, pero quien me lo matizará más adelante es Jessica Rivera Galián.

Yo tenía una empresa de formación en bolsa que la mantuve hasta junio del 2022. La vendí y me tomé un año sabático intentando decidir qué hacer durante la próxima década. Quería algo que volviera a inspirarme, a motivarme.

Esa empresa de formación en bolsa la tuve durante casi una década. Pero, con el tiempo, fui perdiendo la luz, el brillo en los ojos, y cuando tú tienes la responsabilidad de mentorizar a miles de alumnos eso no te puede pasar.

Afortunadamente, con ese emprendimiento nos fue muy bien y esa libertad financiera que conseguimos nos permite hoy poder elegir proyectos que cumplan ciertos criterios y mi criterio principal ahora es que sea divertido. Si no es divertido, da igual que sea rentable: no lo hago.

Muchos de los contactos que tengo hoy para Club84 los he conseguido ahí. Borjatube fue una empresa de referencia a la hora de escalar tu empresa al mundo digital. La nuestra era una empresa de formación tradicional, muy artesana: venías a casa y te enseñaba el funcionamiento de la bolsa durante dos días, luego te hacíamos un seguimiento y así. ¿Qué sucedió? Que en el 2016 llegamos a tener once meses de lista de espera, entonces la gente empezó a buscar por otro lugar y se iba con otros formadores.

Ahí es cuando decidimos pivotar al mundo digital. Y lo estallamos. Ya no solo podíamos atender a un alumno al día: podíamos atender a cinco alumnos al día y, además, llegamos a Latinoamérica. Ya no tenían que venir a Madrid a formarse.

«Hay algo que no puede sostenerse durante mucho tiempo: la incongruencia entre lo que haces y lo que eres».

Fue una bendición porque pudimos ayudar a más personas y el negocio explotó en números. Pero hay algo que no puede sostenerse durante mucho tiempo: la incongruencia entre lo que haces y lo que eres.

Yo soy una persona cálida, afectuosa, me gustaba entender por qué la gente llegaba a la bolsa, por qué lo hacía y cuáles eran sus objetivos. Pero en cuanto mi cliente dejaba de tener un nombre y se convertía en un avatar yo perdía esa afectividad con esa persona y ahí es cuando empecé a perder ese brillo en los ojos del que te hablaba. Dejé de trabajar con personas y empecé a trabajar con usuarios.

Pero gracias a haber sido muy pioneros a la hora de digitalizar un negocio hice contactos en el mundo digital y muchos de ellos hoy son miembros de Club84.

¿Cómo empieza Club84?

Con una comida, en mayo del 2023, con el socio 1 y el socio 2. Desde entonces ha ido mutando. Club84 es un emprendimiento vivo. Mi idea original era hacer como una especie de mastermind donde empresarios, emprendedores o profesionales fueran y compartieran sus aprendizajes, sus dificultades, y que esa suma de talentos y experiencias hiciera crecer al resto.

Esa era la idea original. Pero lo que empecé a ver luego de cada encuentro es que, en realidad, a ellos ya les va bien, las conversaciones sobre negocios salen solas y que lo que quieren es otra cosa: recuperar al niño que han ido perdiendo y divertirse.

Yo quiero competir con una oferta de ocio cultural. Yo quiero que los socios se regalen ese día para que se lo pasen muy bien y aprendan. Dejó de ser algo educativo o formativo como lo había planteado inicialmente para pasar a ser una fiesta. Esto es algo que los socios quieren regalarse. Quiero que los socios se regalen esa fiesta al mes y conozcan a gente extraordinaria. Evidentemente, van a suceder cosas porque es gente que está en el mundo de los negocios y quieren ampliar su espectro, pero no tienes que ir buscando eso. Tienes que ir buscando el disfrute personal.

En los encuentros de Club84 no hay dinámicas, no hay orden del día. Hay conversaciones, buena comida y un espacio agradable. Y las sinergias y los negocios salen solos. Y si a estos encuentros los proyectas a lo largo de un año, vas a ir haciendo relaciones mucho más profundas con personas que son muy buenas en lo que hacen. Al final, las personas quieren hacer negocios con personas que conocen, que les caen bien.

Pongámoslo así: soy una especie de celestino que pone en un mismo sitio a gente con vidas muy interesantes y que les ha ido muy bien y que también buscan mucha diversidad. Club84 no pondera sobre nivel de facturación: hay una persona que gana tres mil euros al mes y tiene al lado a una persona que tal vez gana trescientos mil euros al mes, pero esa persona que gana tres mil euros tiene un expertise tan distinto y radical que deja a todos absortos. La idea es que la experiencia de cada uno sume al resto de los miembros.

Lamentablemente, no cualifica mucha gente para el club, porque lo que necesito es que tengas algo de experiencia vital o profesional que aporte.

¿Y cómo consigues los socios?

El paso más difícil es lo que hemos hecho en estos primeros cinco meses, que es apuntar a esos diez primeros socios. Y lo he conseguido porque son personas que me conocen y confían en que siempre hago un buen trabajo. Ahora el crecimiento es orgánico. Cuando tú vas a uno o dos encuentros, te lo pasas tan bien que son los mismos socios los que sugieren o recomiendan a otros. Y eso es una delicia, una bendición.

Yo no tengo ninguna prisa en llegar a esos ochenta y cuatro socios máximo: prefiero que sea orgánico a tener que salir a vender el club.

¿Por qué 84?

Para limitarlo a un número, porque yo tengo que asegurarme de que al cabo de un año los socios se conozcan. Sería muy difícil si fuesen doscientos porque en un año no te da tiempo para conocer a ciento noventa y nueve personas.

Todo esto viene por el estudio antropológico que se hizo. ¿Conoces el estudio sobre el número de Dunbar? Dunbar es antropólogo y se cuestionó por qué las antiguas civilizaciones y las tribus nómadas no superaban las ciento cincuenta personas. Y la conclusión a la que llegó es que no puedes tener vínculos afectivos significativos con un grupo más grande.

Tomé el número de Dunbar y quise reducir ese número porque seguía siendo demasiada gente para conocer en un año. Yo soy una persona que ahora está muy volcada al disfrute, al presente, a pasarlo bien. Siempre me he preguntado cómo sería gastarse un millón de euros en fiestas. Podría ser muy divertido, pero en un solo día sería demasiado. Entonces lo dividí entre doce meses y lo redondeé hacia arriba en ochenta y cuatro mil. Y ahí me propuse buscar ochenta y cuatro socios que aporten mil euros cada mes para gastarlos en una fiesta. Eso, en total, daría un millón de euros en disfrute. De ahí que la cuota anual sea doce mil euros.

Un consejo empresarial que te hayan dado y que no te haya servido para nada o que te haya jugado en contra:
No he sido nunca de pedir consejos. Me he dejado guiar más por la intuición. Es cierto que nunca he puesto mi foco en los beneficios y es algo que me ha permitido vivir con un desapego importante al resultado. Eso creo que, al final, termina siendo fundamental para que los negocios funcionen.

Mayores aprendizajes con ambos emprendimientos:
Que las personas necesitan y quieren ser amadas y que la calidad de tu vida depende de la calidad de tus relaciones.

Una frase que repitas mucho, algo así como un mantra:
«Las personas olvidarán lo que has dicho, pero nunca cómo las has hecho sentir».

Un libro que te haya marcado:
El primer libro que compré motu proprio, a los dieciséis años: Cómo ganar amigos e influir en las personas, de Dale Carnegie.

«Nunca he puesto mi foco en los beneficios y es algo que me ha permitido vivir con un desapego importante al resultado. Eso creo que, al final, termina siendo fundamental para que los negocios funcionen».

Enrique y Mila

El canal de Mirote y Blancana

—Si tú quieres historias, ven que te presento a alguien —me dice Carina Barker y abandono la intención de coger el minicruasán con jamón dulce que tenía al frente. Me coge del brazo y me lleva hasta donde está Enrique.

En el camino me explica:

—Él tenía una firma de arquitectura y con la crisis del 2008 se vuelca a YouTube. Empieza a hacer tutoriales para niños para construir casas modernas en Minecraft. Tiene como un millón de suscriptores o algo así.

Bueno, era algo así, sí. Pero no era solo Enrique. La firma de arquitectura era de él y de su mujer, Mila. De hecho, la arquitecta es ella. Él es economista.

Y la historia de ellos es la historia de la reinvención. Y cuando hablamos de reinvención, hablamos inevitablemente de riqueza vital.

En el 2008, la crisis inmobiliaria les pega fuerte y se quedan sin clientes. Deciden que quizá puedan encontrar oportunidades jugando al golf, ya que es un juego que atrae a gente de clase alta y con dinero para invertir. Jamás habían jugado al golf, así que empiezan a tomar clases.

Resultado: unos años después, ningún cliente nuevo, pero varios campeonatos nacionales ganados.

—Curiosidades de la vida —me dice Enrique—. Sí. Curiosidades de la vida. Es lo que tiene cuando estás en movimiento.

Lo que me fascinó de la historia de Enrique y Mila fue la flexibilidad, la libertad de reconstrucción y el desapego por el camino ya transitado. Si bien sus ingresos hoy vienen principalmente de inversiones en bolsa, un área que Enrique domina muy bien por ser tercera generación de inversionistas, cuando el zapato apretó, no se anclaron en sus títulos y trayectorias ni se dejaron amarrar por lo que podría esperarse de ellos.

—Somos fruto de muchas crisis en la vida, pero la última nos marcó mucho —me dijo Enrique—. Por la crisis hemos acabado en un videojuego. Y yo jamás había jugado videojuegos.

La conclusión de Mila: que debes evolucionar tú porque nadie vendrá a rescatarte. Nadie.

¿Cómo nace la idea del canal de Mirote y Blancana?

ENRIQUE.— Antes de la crisis del 2008, nosotros teníamos un estudio de arquitectura. Trabajábamos juntos. Mila es arquitecta, yo estudié Económicas y teníamos un estudio en Sanlúcar de Barrameda que mezclaba las dos cosas. Trabajábamos un montón. Estábamos haciendo un montón de casas, trabajábamos sábados y domingos. Desbordados. Llegamos a tener nueve personas en el estudio.

De repente, llega la crisis inmobiliaria en los EE. UU. que castigó muchísimo en España y especialmente a Sanlúcar de Barrameda. De hecho, es la ciudad más castigada de España porque es la ciudad con más paro del país y de Europa. En el verano hay doscientas mil personas, luego se van y quedan sesenta mil. Y no hay trabajo para esas sesenta mil.

Nos pilla la crisis y menos mal que la vimos rápido. Pasamos de estar desbordados y trabajar sábados y domingos a que no haya trabajo. Teníamos dinero ahorrado y aguantamos algunos años.

> **«Sabíamos que teníamos que hacer algo original. Si vas a hacer lo mismo que hacen los demás, no te comes nada».**

Empezamos a buscar clientes. ¿Dónde podrían estar? Pensamos que jugando al golf, porque la gente que juega al golf mueve dinero. Pero no sabíamos jugar, así que empezamos a tomar clases. Después de varios años, no encontramos ningún cliente, pero ganamos un montón de campeonatos de golf por toda España. Curiosidades de la vida.

El tema es que el dinero se iba acabando, entonces empezamos a pensar si podíamos plasmar la arquitectura en internet. Habíamos explorado un canal de YouTube antes con un canal de comida, jugando y mirando, nada más, entonces más o menos sabíamos qué hacer.

Y en ese proceso descubrimos Minecraft, que es como un Lego. Nos pareció interesante, vimos cómo era la estructura del juego y nos dimos cuenta de que ahí se podía aplicar la arquitectura. Podíamos enseñar a hacer casas modernas en Minecraft, algo que nadie estaba haciendo.

Y ahí sí que entramos con estrategia.

Sabíamos que teníamos que hacer algo original. Si vas a hacer lo mismo que hacen los demás, no te comes nada. Entonces decidimos entrar con estrategia. Todos los que tienen buenos canales de YouTube y dicen que no hay estrategia detrás, sino que lo hacen solo por el deseo de compartir mienten. No hay nada malo en ser estratega. Todos entramos por dinero.

Entonces, habíamos visto que a los niños les gustaba jugar y que hacían casas muy cutres, entonces nosotros entramos con la propuesta de hacer casas modernas y eso explotó, pero no desde el primer vídeo. Para llegar a los cien primeros suscriptores, tardamos tres meses haciendo uno o dos vídeos semanales. Después de subir algunos vídeos, descubrimos el rollo de los sub × sub —nos venía mucha gente que nos decía «yo me suscribo y tú te suscribes», algo que hacían muchos. Nosotros dijimos que no. Nada de eso. Seguiremos a la gente que nos interesa. Por eso tardamos tanto.

Es que eso de «te sigo para que me sigas» o comprar suscriptores es un autoengaño.
Es pegarte un tiro en el pie.

Cuando llegamos a los cien, hicimos un especial cien suscriptores: una historia de cinco minutos con los personajes de nuestro canal, Mirote y Blancana. Era una pequeña película. Tuvimos muchísimo éxito y a partir de ahí tardamos siete meses en hacer cien mil suscriptores. Una burrada. Es que como ya teníamos contenido creado, muchos de los que vieron ese vídeo se suscribieron al canal. Ni el Rubius había crecido tan rápido en su momento.

En un par de meses hicimos cincuenta mil suscriptores y con ese número ya puedes vivir de eso. Y en un par de meses más llegamos a los cien mil, que es un número mágico en YouTube porque te dan la placa de plata.

Hoy tenemos más de un millón de suscriptores.

¿Llegaron a vivir solamente de los ingresos de YouTube?
Enrique.— Sí, una temporada, cuando fue la crisis y nos quedamos sin ahorros. Ahí esos ingresos nos salvaron. Pero como gastamos poco porque somos muy frugales y ganábamos mucho, enseguida lo que iba sobrando lo llevábamos a la bolsa.

El canal de YouTube es un proyecto simpático en el que nos divertimos y nos reímos mucho, al que le ha ido muy bien y que en un momento dado nos ayudó mucho, pero nuestra principal actividad siempre ha sido en la bolsa. Desde hace más de veinte años. El 95 % de nuestros ingresos vienen de ahí. Mi padre invertía en bolsa y mi abuelo también. Mi track record es bastante bueno desde hace mucho tiempo.

Nosotros tenemos una vida bastante frugal. Gastamos muy poco. Nos hemos quitado hasta los coches. Lo que ganamos lo invertimos para poder iniciar y trabajar en otros proyectos. Ahora tengo un proyecto financiero en mente.

Mila.— Pero realmente nos la pasamos muy bien con nuestros canales en YouTube. No podríamos hacerlo si no nos divirtiera. Y es mucho más divertido y menos sacrificado construir casas en Minecraft que en la vida real.

¿Qué es lo que menos les gusta del trabajo en YouTube?
Mila.— Editar. La que edita soy yo. La presión para llegar con la fecha y hora en la que tenemos agendado publicar no la disfruto nada. Un año, hicimos vídeos a diario. Trescientos sesenta y cinco días, trescientos sesenta y cinco vídeos. Fue un reto que hicimos.

¿Y les trajo algún beneficio?

Bueno...

Un aprendizaje:

MILA.— He aprendido que, o evolucionas, o te estancas, que no hay que pararse. No hay que pararse y decir «ya vendrán buenos tiempos». No. Lo tienes que provocar tú. Nadie te va a venir a rescatar. Me arrepiento mucho de haber estado unos años parada esperando si escampaba la tormenta.

Una frase:

MILA.— «Si la vida te da limones, haz limonada y véndela».

ENRIQUE.— Una de Einstein: «En la crisis sale lo mejor de cada uno, porque fuera de la crisis todo viento es caricia».

Un libro:

ENRIQUE.— La insoportable levedad del ser, de Milan Kundera. Interesante, aunque complicado de leer.

MILA.— La carta bohemia, de Enrique Mira.

Un referente:

MILA.— El fundador de Kentucky Fried Chicken, Coronel Sanders. Fundó la empresa a sus sesenta años. Antes, había escrito una carta de despedida a sus hijos, se había ido debajo de un árbol con una pistola listo para suicidarse y de repente se da cuenta de todo lo que le faltaba hacer en la vida. Es una historia muy inspiradora que te muestra que nunca es tarde.

Enrique.— Warren Buffett. Entre las diez personas más ricas del mundo, pero con una vida muy frugal y sigue viviendo en la casa que se compró a sus veintitantos años con su mujer en un barrio de clase media americana.

«He aprendido que, o evolucionas, o te estancas, que no hay que pararse. No puedes parar y decir "ya vendrán buenos tiempos". No. Lo tienes que provocar tú. Nadie te va a venir a rescatar».

«LOS DOS GUERREROS MÁS PODEROSOS SON EL
TIEMPO Y LA PACIENCIA».

LEÓN TOLSTÓI

Sonia Fernández-Vidal

Doctora en Física Cuántica. Autora de La puerta de los tres cerrojos, Quantic Love, El universo en tus manos y Desayuno con partículas. Cofundadora de Gauss & Neumann.

—¿Quizá Sonia Fernández? —me sugiere Sofie Ottevaere.

—¿Sonia Fernández? No sé quién es —le respondo, mientras sigo comiendo las fresas en un plato que luego me daría cuenta de que era para los niños.

—Es mamá del cole. Es doctora en Física Cuántica o algo así y tiene escritos varios libros infantiles.

—¡Ah! ¡Ya sé quién es! ¡La que tiene un amigo astronauta! —le dije impulsivamente.

—¿Ah?

—Sí, sí. Coincidimos en la misma mesa en una comida que organizó el cole en Pal —le explico—. Y así, como si fuese la situación más normal y corriente, nos tira al pasar que un amigo suyo que es astronauta estaba en ese momento en la Estación Espacial Internacional haciendo no sé qué cosa. Sofie, ¿tú tienes su contacto?

—Sí, ¿quieres que le envíe un mensaje?

—Espera que le miro bien el ángulo y luego te digo.

—Sería superinteresante hablarte de obstáculos y de retos, pero es que no. Es como si siempre hubiese tenido una flor en el culo.

Eso me dijo Sonia, pero no estoy de acuerdo con que sea menos interesante que las cosas te salgan. Al contrario. Hace que me pregunte por qué a algunos les sale todo tan fácil, tan fluido, y a otros no.

¿Tal vez cuando uno tiene la valentía de hacer lo que tiene ganas de hacer y lo que le nace por instinto hacer?

Sonia es doctora en Física Cuántica. Trabajó en el acelerador de partículas del CERN y en el Laboratorio Nacional de Los Álamos.

—Es que yo estaba desayunando en el CERN y, al lado, tenía sentados a varios premios nobel —me contó.

Pero un día, para disgusto de muchos, quiso dejar la investigación científica y meterse en el mundo empresarial. Se sumó a un proyecto de su marido que te resultará muy curioso: una agencia de *marketing* digital en donde no trabaja ningún profesional de *marketing* digital, sino ingenieros, doctores en Matemáticas, Química y Física.

—Somos como los personajes de *The Big Bang Theory* —me dijo en una conversación antes de grabar la entrevista—. Mi marido es el único ingeniero. Le decimos que es Wolowitz.

Pero, claro, ahora que había dejado la investigación, quería seguir teniendo una conexión con la ciencia, más allá de los algoritmos de Google.

Entonces se puso a escribir. Pero no ensayos, como le pedían en la editorial, sino que quiso acercar la ciencia a personas que jamás leerían sobre ciencia.

Su primer libro, *La puerta de los tres cerrojos,* se tradujo a catorce idiomas y se convirtió en una trilogía para niños. En total, ha publicado seis libros, uno de ellos para adultos, *Desayuno con partículas,* que escribió junto con Francesc Miralles. El libro es un delirio y me alegro de que no lo haya censurado ella misma mientras lo escribía.

«Es que como no me había planteado una carrera como escritora, no pasaba nada si el libro no funcionaba».

Claro, se había quitado la presión del resultado. Y eso, esa libertad, es lo que conduce directo a la creatividad.

Y quizá por eso la revista *Forbes* la mencionó en el 2017 como una de las cien personas más creativas del mundo.

Desde muy pequeña tenía claro que quería ser científica. Yo me quería ir a la Antártida a investigar. Lo de la Antártida me lo salteé.

Me gustaba muchísimo leer y sí que recuerdo que una vez en la biblioteca de la escuela, donde pasaba muchas horas, leí un libro sobre científicos. Tendría seis o siete años. Me acuerdo de que hablaba de Marie Curie, Albert Einstein, Pasteur y algunos más. Ese libro lo recuerdo porque después de leerlo pensé: «Qué impacto que ha hecho esta gente». Ya te digo, tenía seis o siete años. Tengo hasta las imágenes de los dibujos en mi cabeza. Por lo tanto, sé que ese libro me generó una huella.

Cuando hice la asignatura de Física por primera vez, que sería ahora en la ESO, dije: «Esto es lo que yo quiero estudiar».

Como todos los niños, supongo que me hacía mil preguntas, quería saber el porqué de todo: por qué existía el universo, por qué existíamos los seres humanos y por qué motivo estamos aquí. Podría haber sido filósofa también.

Mis padres eran maestros, entonces sí que me estimulaban bastante para encontrar esas respuestas. Sobre todo, nos estimulaban mucho la lectura.

Cuando encontré la física, me di cuenta de que era un área de conocimiento que parecía que explicaba el porqué de todo. Es decir, si todo estaba escrito en lenguaje matemático, si aprendías ese lenguaje matemático que te daba las leyes de la física, podías explicar todo: el porqué del universo, cómo empezó todo, incluso casi desde el pasado al futuro. De hecho, las leyes de Newton son así, son totalmente deterministas, que es lo que nos enseñan en el instituto. Y es que si tú sabes la posición y la velocidad de una partícula en un momento determinado sabes de dónde ha venido, es decir, que podrías saber su pasado y dónde estará en el futuro. Entonces, en mi mente pensaba: «Si fuese capaz de intentar comprenderlo todo en esta gran máquina, puedo encontrar todas las respuestas». Por eso decidí estudiar Física en la universidad.

¿Por qué física cuántica?

Ahí fue cuando vino el shock. Yo entré en la física pensando que me darían toda la seguridad, todas las leyes de cómo funciona el mundo, pero esa es la visión de la física clásica: que el universo es como una gran máquina, como un perfecto reloj suizo, y absolutamente todo lo que sucede en el universo es como si fuesen los resultados de los movimientos de estos engranajes de este reloj.

Y, de repente, me topé con la física cuántica, que es parte de la física moderna. Y fue una sensación como de tener todas las respuestas y que llegue el universo y te cambie todas las preguntas. La física moderna destroza completamente esa visión del universo como si fuese ese reloj perfecto donde todo es predecible. De repente, las partículas pueden atravesar paredes, pueden estar en dos sitios a la vez.

Eso no lo entiendo.

Ni tú ni nadie. Imagínate: los físicos de principios del siglo XX, cuando empieza la física cuántica, que tienen todo como muy bien montado y de repente empiezan a notar algunas cosas extrañas, como que las partículas pueden atravesar una pared, como si tú pudieses atravesar esta pared.

Bueno, pero no podemos.

No es imposible, pero es improbable. Es mejor usar la puerta que es más práctica y te ahorras el chichón. Pero no es imposible. Ahí radica la diferencia. De hecho, es uno de los límites de la computación hoy en día: los chips se están haciendo cada vez más pequeños, pero hay un límite de lo pequeños que los puedes hacer y el límite es la física cuántica. Cuando lo haces lo suficientemente pequeño para que el electrón pueda saltar las paredes de los chips, ahí tienes el caos cuántico. El límite se encuentra cuando vas a esas dimensiones tan pequeñas, que es cuando se cumplen las leyes de la física cuántica.

Tú me decías: «No lo entiendo, es extraño, ¿cómo puede una cosa estar en dos lugares en simultáneo?». Claro, ¿por qué nos es tan extraña la física cuántica? Porque, al fin y al cabo, nuestra experiencia ordinaria se describe perfectamente con las leyes de la física clásica, desde la observación y lo intuitivo. Sin embargo, la física cuántica nos describe cómo se comportan las partículas fundamentales más pequeñas que un átomo. Nuestros ojos no están acostumbrados a ver un electrón o un átomo. No hemos necesitado saber esto para sobrevivir. No está en nuestra experiencia diaria, por eso no es intuitivo.

Pero el mundo subatómico sigue unas reglas totalmente distintas.

¿Qué conclusión haces de todo esto para la vida?

Para mí, dos pilares fundamentales. Uno de ellos es esta noción de que las verdades universales son verdades provisionales. Los seres humanos, a nivel psicológico, necesitamos aferrarnos a verdades, pero cuanto más ciegamente nos aferramos a una creencia, más doloroso nos es cuando tenemos que romper esa creencia.

El segundo es, más bien, filosófico: ¿qué es la realidad? Me adentré en el mundo de la física porque pensé que encontraría la verdad última de todo y una de las cosas que me di cuenta cuando empecé a estudiar física cuántica es de que, de momento, no tenemos acceso a esa verdad última. El ser humano está limitado en cuanto a nuestra experiencia y no sé hasta qué punto nosotros tenemos la capacidad de llegar a esa verdad última.

Hay muchos físicos que simplemente aceptan que quizá no podemos acceder a esa verdad.

Y desde aquí, ¿cómo llegas a tu carrera como escritora?

Fue un recorrido bastante peculiar. Después de hacer el doctorado, hice investigación. Estuve en el CERN, que para mí es como la catedral del conocimiento moderno en lo que se refiere a la física. Es un centro cuyo objetivo es revelar qué ocurrió en el big bang.

Habrás estado feliz...

¡Sí! Aquello era tremendo porque, además, era bastante típico desayunar con algún premio nobel al lado.

Después tuve también la oportunidad de ir a hacer unas colaboraciones al Laboratorio Nacional de Los Álamos, en el Departamento de Física Teórica de allá. Teníamos una identificación para entrar para distinguir entre los que tenían acceso a información restringida y los que no. Los que sí, tenían esa identificación en color azul, y los que no, teníamos la de color rojo, entonces los que teníamos la identificación de color rojo sentíamos que nuestra alma todavía estaba a salvo, así que nos contentábamos con eso.

Fuera de broma, es un punto interesante este de la ciencia y la ética.

La mezcla entre una ciencia basada de una manera tan fuerte en la tecnología y una sociedad que tiene tanta ignorancia sobre cómo funcionan esas dos cosas es una mezcla combustible que mejor evitar.

La necesidad de divulgación es lo que principalmente me llevó a escribir. Cuando yo empiezo a escribir, libros de divulgación científica había muchos y muy buenos, pero son libros que van a parar a la gente que ya está interesada en la ciencia. Entonces aquí es en donde yo me encuentro con la casuística de que me reúno con unos cuantos escritores y editores a los que les hago una pequeña charla sobre lo que es la física cuántica, les encanta, y ahí es cuando me proponen hacer un libro divulgativo.

Ahí surge la idea de La puerta de los tres cerrojos. Ya existían libros de ciencia sobre lo que me proponían, entonces le digo a la editora que para escribir uno más y que vaya a parar a los que ya sé que están interesados en la ciencia, entonces no. No era eso lo que me interesa. A mí lo que me interesa es llegar precisamente a las personas que jamás cogerían un libro de física cuántica.

Un buen amigo dice que los cuentos son para dormir a los niños y despertar a los adultos. Eso es lo que quiero, acercar la ciencia a este perfil, hacérselo agradable. Al final, mi idea era coger un Harry Potter y, en vez del mundo de la magia, utilizar la física cuántica.

Al principio, en mi mente, el destinatario eran los adultos. Por eso lo había escrito para niños: para esos adultos que, por ser un cuento para niños, no le tengan miedo. Ahí estuvo el truco, porque entonces muchos adultos lo han leído.

¿Y cómo le fue a ese primer libro?

Fue una sorpresa. Siempre recordaré que el director comercial de la editorial nos dijo a la editora y a mí, riendo y con mucho cariño, que estábamos locas, que no venderíamos ni uno. ¡Era física cuántica para niños! Y la sorpresa fue que empezó lentamente, pero luego comenzó a despegar y tuvo muy buen recibimiento. De hecho, está traducido a catorce idiomas. Supongo que es porque era la primera vez que se hacía algo así.

El segundo libro fue Quantic Love, una novela de amor para adolescentes que sucede en el CERN. Otra vez: si la montaña no va a Mahoma, que Mahoma vaya a la montaña.

¿Lo habrías escrito si le hubiese ido mal al primero?

No lo sé. Probablemente la editorial no lo hubiese hecho.

¿Cuánto tiempo te llevó escribir estos dos?

Más o menos un año, incluyendo las correcciones.

Después de Quantic Love viene...

Desayuno con partículas. Es de otra editorial. Es un ensayo y es el formato del que estaba huyendo porque es el que más asusta.

Pero en este libro cada capítulo es una girada de olla con Francesc Miralles.

Ese libro es un delirio. Qué bueno que no te censuraste.

Bueno, es que, al igual que con La puerta de los tres cerrojos, era la primera vez que se hacía. El ángulo que yo siempre cogía era probar algo que no se había hecho y hacerlo. Pero sí que mi agente literaria, cuando le entrego los primeros tres capítulos, me lo cuestionó, me preguntó si no podíamos hacer otro estilo porque le pareció demasiado extraño. Pero como las ventas de los libros anteriores habían sido muy buenas, entonces me permitieron el delirio.

«El ángulo que yo siempre cogía era probar algo que no se había hecho y hacerlo».

También es cierto que en ningún momento me planteé una carrera literaria, entonces si no funcionaba daba igual. Tenía la libertad de hacer esas pruebas. En un momento me planteé profesionalizarlo, pero luego decidí conservarlo como un hobby para mantener la frescura, darme la libertad de la creatividad y solo hacerlo si me apetece.

Sí que siento que he tenido el campo bastante fácil. Vende más decir que he tenido que superar muchas dificultades, pero la verdad es que no. Siempre he tenido mucha suerte en la vida. He ido haciendo lo que me ha apetecido en todo momento.

Cuando daba clases en la universidad, les preguntaba a mis estudiantes:

—Pero tú, ¿qué quieres hacer?

—Pues me encantaría ir al Centro de Astrofísica de Canarias, pero ¿cómo voy a ir ahí? —me respondían.

—Pero ¿tú lo has preguntado?

—No.

—¡Pues el no ya lo tienes! Mira exactamente lo que te gustaría, ve a ver la página web de ese grupo de investigación, entérate de lo que hacen, busca el nombre del investigador principal, busca su correo y le escribes. ¿Qué más te da?

—Es que no sé si existe un programa que...

—¡Pues búscatelo!

Yo he hecho eso y claro que me he encontrado con muchos rechazos, pero solo hace falta que uno te diga que sí.

Tenemos la mala costumbre de autocensurarnos mucho. También el entorno critica mucho y te puede censurar. Hay que mirar con quién uno comparte sus sueños.

La agencia que tienes con tu marido de SEM no se parece en nada a una agencia de marketing digital, ya desde la web.
Al uso tampoco.

Y me decías que está compuesta por todos científicos, excepto por tu marido, que es ingeniero.
Somos como The Big Bang Theory. Él es el Howard Wolowitz del equipo. Hasta tiene una maestría en el MIT, igual que Howard.

¿Cómo es eso?
El emprendedor es mi marido. La empezamos codo a codo y la luchamos mucho, sobre todo los primeros años para levantarla, pero yo seguía haciendo investigación en la universidad. Durante

el primer año, yo le ayudé a montarla porque quería ver qué había fuera del huevo de la academia.

«Claro que me he encontrado con muchos rechazos, pero solo hace falta que uno te diga que sí».

Lo que empiezo a ver enseguida es que estaba trabajando con patrones: era identificar patrones, datos matemáticos. Y empezamos cuando era relativamente nuevo todo lo de Google y el SEM, con lo cual acceder a los artículos académicos que publicaba Google me encantaba: podía ver los algoritmos y todo el trasfondo matemático que hay. Era mi idioma.

Entonces cuando nos encontramos con que teníamos que contratar a la primera persona, lo obvio hubiese sido coger a alguien de marketing, porque era una agencia de marketing. Pero nos llega un currículum de un doctor en Matemáticas que yo conocía. Y ahí me di cuenta de que era el perfil que debíamos contratar, porque lo que hacíamos no iba de marketing; iba de datos, números y patrones.

Las personas que luego fueron incorporándose venían todas de centros de investigación y del ámbito académico. Ahora somos unos veinticuatro. Hay físicos matemáticos, físicos químicos, ingenieros, o tienen máster en datos. Todos perfiles técnicos. Y hay un gran porcentaje que somos doctores en Física o en Matemáticas.

Hemos creado la dinámica de un centro de investigación: sin horarios, sino por metas. Trabajamos mucho esa cultura.

Un referente:

Carl Sagan, el autor de Cosmos, unos documentales preciosos. Fue una de las personas en acercar la ciencia a la gente, en hacer la tarea de divulgación, en una época en la que eso se infravaloraba.

Y mi marido, Alberto Cabezas Castellano. Es una de las personas en las que más confío y de las que más he aprendido. Lo obvio acostumbra a ser obviado y muchas veces lo que tenemos más cerca y no las valoramos lo suficiente.

Un libro que te haya marcado:

A nivel lectura, Momo, de Michael Ende. Y luego Cosmos, la obra de Carl Sagan.

Una frase que repitas mucho:

No la repito mucho, pero me impacta. Es una que se le atribuye a Albert Einstein: «La realidad es una ilusión, aunque una muy persistente».

¿Cuánto se parece la Sonia de ahora a la Sonia de pequeña?

Creo que mi Sonia de pequeña estaría bastante contenta.

Hay cierta inocencia en esto de haber ido haciendo siempre lo que quise y en no tener miedo. Creo que eso es algo que, a medida que vamos creciendo, nos van arrancando. Me parece que el éxito está muy definido hacia las ideas de los demás, no lo que realmente uno quiere. Creo que en pro de conseguir ese éxito externo nos hemos olvidado de ser lo que realmente queremos ser por dentro, aunque sea menos prestigioso.

«Hay cierta inocencia en esto de haber ido haciendo siempre lo que quise y en no tener miedo. Creo que eso es algo que, a medida que vamos creciendo, nos van arrancando».

Escucha esta conversación desde soynereagutierrez.com/pequenos-relatos

Marissa McDonald

Andwearis

—¿Y? ¿Grabamos la entrevista o no? —le pregunto a Marissa.

—Sí. Esta semana termino con un pedido de seiscientas fundas para *laptops* y ya quedo libre para cuando quieras.

—Ya sé que mi modelo de negocio no es bueno, soy consciente de eso. Pero tengo una posición de privilegio que me permite seguir llevándolo así.

Marissa es de los Estados Unidos. La conozco desde el 2020, cuando ambas teníamos proyectos relacionados con la sostenibilidad y la divulgación. Se había dado cuenta de que las lonas publicitarias que vemos por las calles se exhibían durante poco tiempo para, posteriormente, terminar siendo quemadas. Desde su piso en Andorra la Vella, se ve a lo lejos la incineradora en donde van a parar todos los residuos no reciclables del país. «Estamos respirando esos vinilos que estaban colgados», me decía siempre.

Varias veces durante esta entrevista, Marissa me dijo que ella era una underdog, algo así como la persona que lleva las de perder. Y mientras que muchos en esta posición podrían victimizarse, Marissa lo ve como una estrategia que le permite hacer lo que quiere sin ninguna presión porque, de algún modo, al under-dog nadie le presta atención.

Me quedé pensando en ese término, intentando buscar una sola palabra en castellano que abarque el significado. No la encontré. Días después de esta entrevista, le pido a mi versión de ChatGPT que me dé ejemplos de underdogs famosos, ya sea reales o de películas.

—Claro que sí —me dice—. Aquí tienes algunos: Susan Boyle, Forrest Gump, Jean Valjean, Rocky Balboa, Nelson Mandela, Harry Potter, Rosa Parks. Estos ejemplos resaltan el poder de la resiliencia, el ingenio, la determinación y la valentía de desafiar las expectativas. ¿Necesitas más ejemplos o estos son suficientes?

—Suficiente, gracias.

Vivía en Miami. Trabajaba para una de estas grandes farmacéuticas vendiendo implantes médicos. Recuerdo que tenía el pager encendido las veinticuatro horas del día. No era de las representantes o vendedoras farmacéuticas que escuchas o ves en los medios. En mi época, a principios de los 2000, las representantes farmacéuticas eran mujeres muy atractivas. Era obvio que las empresas farmacéuticas buscaban eso. El tipo de venta que yo hacía era distinto, más técnico, y la mayoría de los vendedores de mi sector eran hombres porque tenías que andar con cosas pesadas de un lado para otro.

Me iba muy bien. Siempre me vi atraída por sectores en los que yo era la underdog, la que tenía las de perder. Por ejemplo, además de que era un rol en el que predominaban los hombres, el territorio que me asignaron no generaba muchas ventas porque nuestra competencia tenía gran parte del mercado. Y si a eso le sumamos que estaba en Miami, un lugar en donde la mayoría son latinos y el idioma que predomina es el español, yo era absolutamente parte de la minoría, aunque no de la minoría que sufre.

Creo que la estrategia que he usado toda mi vida ha sido esa, la de ser quien lleva las de perder, la persona por la que no apostarías, no por mi persona, sino por dónde me he encontrado. A expectativas bajas, lo que me ha tocado siempre ha sido construir desde cero.

Aquel era un ritmo de vida muy intenso. Trabajaba muchísimas horas. Ganaba muy bien, pero era de locos.

Y por situaciones de la vida terminas en Andorra.

Sí. Pero antes estoy un tiempo en Barcelona, en donde me di cuenta de que necesitaba metas y estructuras porque no me siento cómoda sin un plan y de que no iba a poder ganar el mismo dinero que en Miami. Eso fue bastante duro. Tampoco hablaba el idioma ni conocía a nadie y estaba mucho tiempo sola. Entonces me puse a evaluar cuáles eran mis opciones. Y, entre ellas, empezar una familia. Y eso hice. Y si bien no cambiaría nada, luego me di cuenta de que es muy difícil retomar tu carrera desde donde la dejaste.

Podría haber intentado hacer algo propio, pero con cuatro embarazos y luego un tumor canceroso, digamos que me distraje.

Estaba muy ocupada y feliz también y ya aquí en Andorra quise empezar a armar mi comunidad. Por eso intenté evitar quedarme solo con la gente que hablaba inglés y, en cambio, aprender catalán e inmiscuirme entre la gente local.

Y cuando mi cuerpo dijo «basta de niños» nuevamente me pregunté: «¿Y ahora qué?». Y mi cerebro empezó a buscar oportunidades y huecos en el mercado.

Y en ese entonces había muchos huecos en el mercado en Andorra.

Absolutamente, porque al igual que yo es el underdog, es un país que lleva las de perder, por el que pocos apostarían.

Pero a medida que crezco tengo más motivación de hacer que eso sea algo positivo en donde poner mi energía, en lugar de verlo como simplemente llenar un hueco en el mercado del que puedas tener algún rédito económico. Y después de cuatro hijos empecé a ver la diferencia en mi consumo entre el primero y el último y me di cuenta de que no necesitamos tanto.

«A medida que crezco, tengo más motivación de buscar cosas positivas en donde poner mi energía, en lugar simplemente intentar llenar un hueco en el mercado».

Hay algo que me gusta que es resaltar la individualidad de cada uno. Entonces, a lo típico que hacemos de pasar la ropa del hermano mayor a los menores, yo le agregaba algo para resaltar esa individualidad, la modificaba de alguna manera.

Y, de repente, sentí que le ganaba al sistema, que no tenía que comprar cosas eternamente, sino que las podía crear yo. Los niños estaban superfelices y no tenían ni idea de que no era ropa nueva.

Ahí es cuando empieza a girar la rueda dentro de mi cabeza. Aquí no existían los mercados de segunda mano; había algo, pero a la gente no le terminaba de gustar. En los Estados Unidos, siempre íbamos a las ventas de garaje y eran una pasada. Quizá durante un fin de semana todo un barrio estaba de venta de garaje, en donde la gente vendía cosas que ya no necesitaba o quería. Me acuerdo de ir con mi mamá y encontrar tesoros. Me daba una satisfacción enorme.

Entonces pensé que tal vez se le podría dar una vuelta. Y, de repente, vi uno de estos carteles de vinilo que colgaban en las calles.

Y ahí lo visualizaste.

Sí. Porque me di cuenta de que luego irían directamente a la basura. Mi amiga Mar García me ayudó a hacer algunos llamados para intentar recuperar algunas de estas lonas y empecé a probar. Y, como desafío, me propuse crear algo sin utilizar ningún material virgen. Era mi reto personal. No quería agregar nada nuevo porque quería que fuese evidente que esos materiales habían tenido otra vida antes. Si fabrico un bolso que es bonito y funcional y tiene alguna raya en el material, esa raya es parte de la historia.

Yo también tengo cicatrices y no por eso tengo menos valor. Esa lona está así porque ha tenido una vida muy ajetreada. De algún modo, se parece un poco a mí.

Mucha gente más inteligente que yo en lo que respecta a negocios me ha sugerido agregarle algo nuevo, algún material virgen, pero he querido seguir con mi mensaje.

Hay una cosa que es cierta: que no es un negocio del que me haya planteado vivir. Desde que vinimos a Andorra, he tenido como un período de gracia y ahí hay una distinción muy grande. Es tan difícil que un negocio pequeño sea redituable y más un modelo como el mío que entonces no pierdo mucho siendo fiel a mi mensaje. Lo tengo asumido.

Y llega el momento en que te sales del modelo B2C y le encuentras la vuelta.

Sí. A nivel negocio, funciona mucho mejor. Ahora busco asociarme principalmente con empresas, utilizar sus propias lonas que ya iban a descartar, buscar un proyecto y que lo usen internamente. Ahora son las empresas las que se responsabilizan de ese material y eso es mucho más eficiente. Lo que resta es que desde dentro de la organización se comunique ese mensaje.

¿Cuáles han sido los principales obstáculos para empezar?

El idioma. Hacer algo así, en un proyecto desde el que quiero transmitir un mensaje, en un lugar en el que el idioma no es mi idioma, es muy frustrante. Muchas veces me he mirado y he pensado: «Qué tontería estoy haciendo».

También ha sido encontrar ese mensaje. Una cosa es vender un producto; otra, es vender un mensaje. Hay muchas formas de vender un mensaje: puedes hacer talleres, puedes hacer un pódcast... Pero si hago un pódcast, ¿en qué idioma lo hago? ¿Con quién estoy intentando conectar? He hecho muchos talleres en el país. A veces, he conectado y otras, es evidente que el mensaje no llegó.

Principales lecciones:

Lo que refuerzo es lo que he dicho antes y lo digo desde una posición de privilegio en la que no necesito ganar dinero ya para sobrevivir: ser fiel a uno mismo. Escucho los consejos y sugerencias e intento hacerlos encajar dentro de mi modelo. Si encaja, lo tomo. Si no, por más que la idea sea buena, la dejo ir porque sé que tendría una vida corta.

Logros que te hagan sentir orgullosa:

Cada año estoy facturando más y no porque mis productos sean más caros, sino porque hay más personas que empiezan a interesarse en lo que hago y en mi mensaje.

Un referente:

Jane Goodall. Porque tenía un sueño y tomó cada oportunidad que se le presentó para alcanzarlo. Porque su pasión la superó hasta el punto de no poder no seguirla. Y porque no creo que ella haya querido tener el rol y la prominencia que ha alcanzado, sino porque sintió que era su obligación llevar su mensaje y nada iba a poder detenerla.

Una frase que repitas mucho:

Dos: «lo que importa es lo de dentro, no lo de fuera». Y que practiques lo que predicas.

«Escucho los consejos y sugerencias e intento hacerlos encajar dentro de mi modelo. Si encaja, lo tomo. Si no, por más que la idea sea buena, la dejo ir porque sé que tendría una vida corta».

Carla Patroni

Blot Café, Craft Box y Carlina Market

De: @soynereagutierrez
Para: @carlitapatroni

Hola, Carla:
Soy Nerea. Nos conocimos en el primer desayuno de Minerva, no sé si me recuerdas. Fue muy breve porque me tuve que ir temprano, pero me acuerdo de ti y de tu trabajo con Blot.

Te vengo con una propuesta. Estoy en proceso de escribir un libro sobre emprendedores en Andorra y me gustaría que estés. El libro va a ser pura inspiración, con relatos propios de los fundadores sobre sus experiencias en el emprendimiento.

¿Qué me dices? ¿Te sumas? Si te interesa, dime y te cuento más. Saludos,
Nerea

De: @carlitapatroni
Para: @soynereagutierrez

¡Hola, Nerea!

Claro que me gustaría participar. ¿Cuándo nos encontramos?

Cuando en el lugar en el que vivimos sentimos que falta algo, tenemos dos opciones: amargarnos y quejarnos desde una posición pasiva, o ver esa mitad del vaso vacía y llenarla.

Eso último hizo Carla en dos ocasiones: primero con Blot y Craft Box y luego con Carlina Market. Y por eso quise que fuese parte de esta historia.

Carla y Lucas, su pareja, querían poner en Andorra un lugar en donde la gente pudiera reunirse a pasar un buen momento, en un ambiente distendido, con cerveza artesanal. Y en el 2017 no había muchas opciones así en Andorra.

Empezaron con Blot a los veintinueve años, sin experiencia ni formación en restauración. Tampoco sabían de importación ni sospechaban que iban a tener que aprender sobre eso. Solo tenían una visión muy clara y el capital suficiente para el alquiler y para hacer algunas reformas.

—Nunca tuvimos un socio capitalista —me dijo Carla—, siempre ha sido todo a pulmón.

Y con cierta inconsciencia quizá también y no serían los primeros en empezar algo sin saber en la que se están metiendo. Eso es algo que he visto en muchos emprendedores que han montado cosas que con el tiempo se han hecho muy grandes: jamás lo visualizaron así, solo se centraban en hacer eso que en ese momento querían y sentían que debían hacer.

—Al final, cuando no tienes la formación de lo que estás haciendo, no queda más que prueba y error —dice Carla.

Lo mismo que me dirían Fran y Carlos Monaj unos meses después.

¿Cuándo y cómo nace Blot?

En el 2017. Yo me dediqué toda la vida a la educación, soy instructora de esquí y *snowboard*, titulada y diplomada de las dos. Lo hice durante doce años hasta que, en medio de una crisis existencial, me di cuenta de que no era lo que yo quería para mi vida.

Mi marido es argentino y muchos años nos íbamos a Bariloche. A mí me gusta mucho la gastronomía y él es muy de la cerveza. Nos íbamos a las cervecerías en el sur, ellos se pedían degustaciones de cerveza y yo de lo que había para comer.

Y cuando volvíamos a Andorra, nos dábamos cuenta de que no había un espacio así, un espacio en el que estar.

Los restaurantes que había aquí en esos años eran para ir, comer, pagar e irte. No había una experiencia más allá de eso. No había un lugar en el que estar una tarde mientras nevaba si no querías estar en tu casa. Y ahí se empezó a gestar la idea. Estuvimos dos años buscando el local y el concepto hasta dar con lo que queríamos.

El día que finalmente abrimos fue el día que más facturamos de todo ese invierno. Era un formato que la gente estaba pidiendo a gritos. Los dos primeros años, estuvimos llenos todos los días. Fue un éxito rotundo que no esperábamos. De hecho, ese año no fue necesario hacer publicidad.

Era un *après ski* con cervezas únicamente artesanas, con comida que acompañara la calidad de la cerveza y hecha aquí. Nada comprado ni congelado.

Ni mi marido ni yo éramos cocineros, así que tuvimos que contratar un chef, lo que significó costes fijos desde el primer día.

¿Dejaron el trabajo que tenían y se lanzaron de lleno con esto?

No. Seguimos trabajando en pistas. Terminábamos nuestro trabajo como monitores a las cinco de la tarde y a las cinco y media abríamos acá. Cerrábamos a la una de la madrugada y al día siguiente a las nueve de la mañana ya teníamos clases. No sé cómo sobrevivimos el primer año.

Total, que en ese momento no había nadie que vendiera cervezas artesanas en el país. Habíamos estado buscando distribuidoras que nos importaran las cervezas y todos nos dijeron que no. Incluso nos decían que nos íbamos a morir de hambre. Así que no nos quedó más remedio que importar nosotros.

¿Sabían algo de importación?

No sabíamos nada, fuimos dos kamikazes. Imagínate que veníamos de la educación. Pero en cada etapa del proceso tuvimos mucha ayuda, directa e indirecta.

Y ahí nos convertimos también en distribuidores. Empezamos a importar nosotros y luego a distribuirla a otros restaurantes que querían cerveza artesana, tenían las mismas dudas que cuando nosotros empezamos, solo que ahora tenían a quién recurrir. Así nace Craft Box. Ahora estamos distribuyendo a quince establecimientos aquí en el país.

Nos costó mucho que la gente entendiera qué es lo que queríamos hacer. Cuando lo explicábamos, nos decían que era imposible que funcionase. Y a mí, cuando me dicen que es imposible, más ganas me dan de hacerlo.

¿En ningún momento pensaron en hacerse la vida más fácil y poner las marcas tradicionales de cerveza?

No. No íbamos a ceder a las cervezas de grandes marcas. Teníamos muy claro a qué apuntábamos. Eso creo que fue clave en todo el proceso. Cerrábamos los ojos y visualizábamos muy bien lo que queríamos.

«Teníamos muy claro a qué apuntábamos. Eso creo que fue clave en todo el proceso. Cerrábamos los ojos y visualizábamos muy bien lo que queríamos».

Encontramos doscientos millones de obstáculos en el camino: gente que nos decía que era imposible, que no entendía el concepto o que no podía visualizarlo. Sí que es verdad que en los últimos años surgieron un montón de restaurantes con un enfoque hacia la experiencia, no tanto a un servicio. Pero hace solo unos años no se entendía.

Y nosotros queríamos la experiencia. Queríamos llegar a las personas desde otro lugar.

Hablemos de Carlina Market. ¿Cómo es montar un mercado?

Llevar un mercado adelante, logísticamente, es un trabajo enorme. La gente ve un proyecto terminado y no se da cuenta de la magnitud de trabajo que hay detrás.

Carlina es producto de una sed insaciable de hacer cosas y de detectar en dónde hay una falta de algo. Del mismo modo que habíamos detectado que no había un lugar en invierno para estar calentito tomándote una cerveza y comiéndote algo rico, en verano no había un lugar para disfrutar de una zona verde que no fuera la montaña. No había un lugar en donde tirarte al sol y disfrutar con gente. De nuevo, apostamos por la comida y el encuentro entre las personas. Queríamos food trucks, actividades, artesanos, talleres, clases de yoga y ese tipo de cosas.

Con Carlina queríamos hacer algo colaborativo con las empresas y emprendedores que participaran. A ellos si se les cobró fue muy poquito. La idea era que ambos ganásemos. Y nosotros ganábamos con los *food trucks*.

> **«Cuando lo explicábamos, nos decían que era imposible que funcionase. Y a mí, cuando me dicen que es imposible, más ganas me dan de hacerlo».**

Fue mucho tiempo para las dos cosas. Fue ahorrar para sacar adelante un proyecto y ahorrar para sacar adelante el siguiente. Nunca tuvimos un socio capitalista que nos ayude. Hemos sido nosotros y hemos hecho todo a pulmón.

Estuvimos cuatro años pidiendo por ese terreno. El cuarto año nos dijeron sí un mes antes de la fecha estimada de apertura. Tuvimos que coordinar todo en un mes y nos salió todo mucho más caro de lo que nos hubiera salido si lo hubiésemos tenido todo planificado desde hacía más tiempo. Fueron muchísimas horas de trabajo. Muchísimas. Y mucha organización. Y, otra vez, éxito rotundo.

Fue bastante similar a Blot: teníamos muy clara la idea, sabíamos qué hilos teníamos que tirar, jugábamos con el hándicap del tiempo, pero lo hicimos igual. Y al año siguiente no nos renovaron el contrato de alquiler del terreno.

Principales aprendizajes de estos dos emprendimientos:
Aprendimos cómo funcionamos nosotros a nivel interno: que somos kamikazes, que muchas veces no pensamos las consecuencias de nuestros actos y que te transformas a medida que vas creando cosas.

Que necesitas formación. Aprendí que para tener un negocio necesitas saber de negocios. Y cuando aprendimos de negocios reestructuramos un montón de cosas que nos dimos cuenta de que estábamos haciendo mal.

Un libro:

Dos: *El poder del ahora*, de Eckhart Tolle, y *El club de las 5 de la mañana*, de Robin Sharma.

Una frase:

«Todo pasa por algo y, si no pasa, también es por algo».

«Fue ahorrar para sacar adelante un proyecto y ahorrar para sacar adelante el siguiente. Nunca tuvimos un socio capitalista que nos ayude. Hemos sido nosotros y hemos hecho todo a pulmón».

Fran y Carlos Monaj

YouTalkTV Plus

Conversación por WhatsApp con Sonia Márquez:

—Sonia, estuve mirando a Fran, el de YouTalk TV que me mencionaste. Me parece superinteresante lo que hacen. Estaba pensando que estaría genial tenerlo en mi libro. ¿Podrías preguntarle si le interesa y hacerme el contacto?

—Sí, claro. Se llama Fran Monaj. Es supermajete, supercercano. Vamos, que me cae divinamente. Ahora contacto con él, le cuento la historia del libro y os pongo en contacto, ¿vale? ¡Un besazo!

Más tarde ese mismo día:

—Querida, te paso el contacto de Fran Monaj. Él sabe que tienes su móvil. Nos vemos pronto. Un abrazo.

—Eres de otro planeta. ¡¡¡Graciaaas!!!

Conversación por WhatsApp con Fran Monaj:

—Hola, Fran. Soy Nerea. Sonia Márquez, de Andorrita, me pasó tu contacto. Ya le agradecí a ella por la intermediación y ahora a ti por aceptarla.

—¡Hola, Nerea! Encantado de conocerte por aquí y encantado de participar. Simplemente, dime el día y lo cuadramos. Por cierto, el martes viene mi hermano. Si quieres entrevistarlo a él también, juntos o separados, dime y lo agendamos para ese día.

¿Cuántas veces se puede uno permitir fallar? Se habla mucho de que hay que perseverar, de que los fracasos son la información que necesitamos para llegar a nuestro destino, del valor de la constancia, pero pocas veces te encuentras cara a cara con gente que pueda dar fe de eso por propia experiencia.

Fran y Carlos Monaj hoy tienen una academia online de inglés con un modelo de negocio que todo profe quisiera tener. Pero detrás de lo que vemos hoy hay mucha historia de prueba y error.

—Después de siete años, vino la recompensa por todo lo que habíamos fallado antes —me dijo Carlos.

Y me recordó a la canción de Gustavo Cerati y Mercedes Sosa, «Tarda en llegar y al final, al final, hay recompensa».

Durante un año y medio, grabaron dos vídeos semanales para YouTube que no superaban las cincuenta visualizaciones. Muchos, con esos resultados, habrían abandonado a los pocos meses. Hoy tienen 1.3 millones de suscriptores.

—Nosotros hemos hecho todo al cien por cien —me dijo Fran.

Es que en el cien por cien hay poca competencia.

¿La clave, entonces, está en la perseverancia? No, exactamente. La clave está en otras cuatro cosas. Otras cuatro cosas que Fran nos regalará como conclusión.

¿Cómo empezó todo?

CARLOS.— Empezó con un negocio físico, con una academia física en Huesca. Mi hermano, Fran, decidió aprender inglés para irse a trabajar en un colegio en EE. UU., en Chicago, como profesor de Español cuando tenía veinticinco años.

Fran.— Sí, la oportunidad era muy buena, pagaban mucho, pero no sabía nada de inglés y tenía cuatro meses para aprenderlo. Y lo aprendí por mi cuenta, desde cero. Doce horas al día me ponía. Cuarenta días antes del examen me fui a Irlanda. Tomaba clases a la mañana y por la tarde hablaba con gente.

Yo no concebía no tener ese trabajo, así que se me iba la vida en ello. Lo conseguí y trabajé en ese colegio durante tres años como tutor de quinto año.

Lo mío fue básicamente autodidacta, porque el inglés que te enseñan aquí es un inglés que no existe. De toda esta experiencia, creamos nuestro propio sistema. La forma en la que aprendimos nosotros es la que usamos en nuestro método.

¿Y cuándo se te ocurre hacer de esa experiencia un negocio?
Fran.— A la vuelta de EE. UU., trabajé en España como profesor de Inglés en un colegio público bilingüe por la mañana y como profesor de Filología Inglesa en la Universidad de Zaragoza por la tarde. Tenía las plazas, pero me daba cuenta de que nunca iba a poder llegar a más. Y estaba rodeado de gente con poca vocación.

Con treinta y cuatro años, montamos la academia y, cuando vi que ya funcionaba bien, dejé esas dos plazas.

Carlos.— Yo con el inglés tenía poco que ver. Había aprendido algo en el colegio, pero no me gustaba para nada. Había estudiado Música y Humanidades y luego acabé también Magisterio. Jamás me había gustado el inglés, pero de verlo a mi hermano me empecé a interesar un poco. Ambos vimos que se me daba muy bien la pronunciación y fue por la pronunciación que me empecé a motivar. A partir de ahí quise hacer un curso muy intensivo de diez horas diarias durante diez meses en Madrid.

Fue en el 2010, cuando acabé esos diez meses, que montamos la academia YouTalk en Huesca. Una academia que no tiene nada que ver con lo que es ahora, pero tenía un método diferente y a la gente le empezó a gustar un montón. En una ciudad de cincuenta mil habitantes fue un boom. Hacíamos clases en la calle, grupos de conversación, clubs de lectura, tertulias en los bares, películas..., de todo para que la gente se enganchase.

Como a nivel local tuvimos mucho éxito, quisimos crecer.

El primer obstáculo fue contratar profesores que se ajustaran a nuestra forma de enseñanza, porque el método era distinto y los alumnos se habían acostumbrado a nosotros. Entonces era lógico que protestaran cuando venía otro profesor con una manera distinta de enseñar. Eso siempre era complicado.

«Hemos creado cuatrocientos cincuenta vídeos de cuarenta minutos y grabarlos nos llevó dos años y medio».

Luego quisimos abrir un centro en Zaragoza, una ciudad más grande. Montamos toda la estructura: gerente, secretario, profesores, pero no funcionó. Fue un intento que salió realmente muy mal. Era un mercado muy diferente, teníamos empresas muy gordas como competencia y que invertían mucho en publicidad; era otro nivel. Nosotros fuimos con un equipo de segunda a jugar en primera división.

Luego probamos con franquicias en otras ciudades. Tampoco funcionó.

Llevábamos siete años de empresa, muy contentos en nuestra ciudad, pero no veíamos cómo crecer. Lo que ganábamos en Huesca lo perdíamos en las otras ubicaciones.

Fue en el 2017 cuando decidimos abrir un canal de YouTube.

Cuando llegamos a los cincuenta mil suscriptores, empezamos a pensar cómo podríamos monetizarlo y ahí decidimos crear un producto digital.

Durante los años del proyecto, habíamos desarrollado nuestro propio material. Eran quince libros en total. Lo que hicimos fue plasmar esos quince libros, que tardamos dos años en crear, en videoclases.

Hemos creado cuatrocientos cincuenta vídeos de cuarenta minutos y grabarlos nos llevó dos años y medio.

Ni bien tuvimos tres vídeos, los pusimos a la venta. Mientras tanto, seguíamos grabando.

Le sumamos PDF, clases en directo y quedó supercompleto. Y vino la recompensa por todo lo que habíamos fallado antes.

Hoy seguimos haciendo vídeos en YouTube, pero en la que no des el cien por cien la plataforma te quita visibilidad.

¿Cuántos son en el equipo?
Somos nosotros dos y alguien que nos lleva el trabajo administrativo. El producto ya está creado, así que ahora trabajamos el marketing digital y ahí tenemos margen de mejora.

¿Cuál creen que puede ser la diferencia entre ustedes, que han logrado todo esto, y el que sigue con un negocio pequeñito?
Fran.— Lo primero es la ambición y hay muchos que no la tienen. Pero también es porque no observan y no actúan. Están quienes quieren actuar, pero no observan. Están quienes observan y actúan, pero no son expertos, entonces duran poco. Si no eres experto es imposible.

Y hay que ir al cien por cien. Quizá hay gente que observó, actuó, era experta, pero no fue al cien por cien, entonces no pudo crecer.

Si observas, actúas, eres experto y vas al cien por cien, entonces lo tienes.

Si no cumples esos cuatro requisitos, es imposible.

CARLOS.— Es dar el paso. Veo mucha gente que se pone excusas de tiempo o de formación y al final nunca empiezan.

FRAN.— Nosotros hemos hecho todo al cien por cien. En Huesca, hacíamos tertulias en un bar todos los viernes, hacíamos radio todas las semanas, hacíamos acuerdos con el cine para que pasara películas en versión original con nuestro auspicio, hacíamos cuentacuentos infantil los sábados en la calle con los mejores equipos de sonido, clubs de lectura, TV. En todo lo que intentamos, fuimos a tope.

Incluso el canal de YouTube. Hasta que despuntó, estuvimos un año y medio haciendo dos vídeos por semana que, a lo mejor, tenían cincuenta visualizaciones. No fallamos ni una semana. Esto es ir al cien por cien y la constancia está relacionado con eso.

Estas creo que son las cuatro claves del éxito y si las tienes no hay posibilidad de fallo. Es que es imposible.

«Cuando eres niño, tienes a tus padres. Cuando estás en la escuela, tienes a tus profesores. En tu trabajo, tienes a tu jefe. Pero cuando emprendes el que debe decidir eres tú».

Hoy por hoy, ¿qué es lo que más disfrutan?

Pensar las estrategias, diseñar las campañas, casi todo. Excepto las cuentas y la fiscalidad. Especialmente, en estos últimos meses en los que hemos trasladado la empresa a Andorra.

Más allá de los intentos fallidos, ¿cuáles dirían que han sido los obstáculos principales para crecer?

CARLOS.— El desconocimiento. Ninguno de los dos tenía formación en negocios o empresas. Yo había estudiado Música, mi hermano Humanidades y aprendimos todo a base de errores. En España, cuando contratas a alguien, hay que pagar un 33% más aparte del sueldo. No teníamos idea ni de contratos, ni de nóminas ni de ventas. No sabíamos nada de empresariales.

Principales aprendizajes:

CARLOS.— Que estás solo. Cuando eres niño, tienes a tus padres. Cuando estás en la escuela, tienes a tus profesores. En tu trabajo, tienes a tu jefe. Pero cuando emprendes el que debe decidir eres tú. Es muy muy importante aprender a resolver problemas por ti mismo.

FRAN.— Que tienes que estar muy alerta para poder crecer. Nadie te viene a ofrecer oportunidades.

Un consejo empresarial que no les haya servido para nada:

CARLOS.— Esto del «si quieres, puedes» o «solo inténtalo». Vale, sí. Pero hay gente que no vale y se lanza y termina en unos lugares complicados. Hay que valer y esforzarse.

Mejores decisiones:

FRAN.— Dejar nuestras plazas como funcionarios públicos, haber tenido una mentalidad ambiciosa y siempre querer mejorar y haber hecho el cambio al entorno online.

Un referente:

FRAN.— Richard Vaughan. Tenía una empresa de idiomas líder en los años 2000. Creó una emisora de radio desde cero y daba clases ahí. Es muy inteligente e innovador, pero no supo transicionar a tiempo al mundo de internet y ahora nosotros somos más grandes que ellos.

Y luego nuestros padres. Mi padre siempre ha resuelto todo él. Y nuestra madre siempre lo ha dado todo. Los dos fueron ambiciosos y siempre se esforzaron mucho.

Una frase que repitan mucho:

CARLOS.— «Todo tiene solución, por más que el problema sea gordo».

FRAN.— Muchas. Son mantras que repito mucho y que sirven muy bien para marketing:

«Si no recuerdas cómo has aprendido algo, no puedes enseñarlo».

«A ti te suspenden por cómo escribes, pero a los profes de España no los despiden por cómo enseñan a hablar».

«Suena bien, comprende mejor», porque si no sabes cómo se pronuncia no vas a entender cuando te hablen.

Y «nos han enseñado un inglés que no existe».

Un libro que les haya gustado mucho:

CARLOS.— Superpoderes del éxito para gente normal, de Mago More.

FRAN.— Business biographies and Memoirs, de J. R. McGregor.

«Si observas, actúas, eres experto y vas al cien por cien, entonces lo tienes. Estas creo que son las cuatro claves del éxito. Si las tienes, no hay posibilidad de fallo. Es que es imposible».

«SI EXISTE UNA VERDAD INEVITABLE EN ESTE MUNDO ES QUE NO HAY SUSTITUTO AL ESFUERZO.

NO EXISTEN ATAJO NI PÍLDORA MÁGICA QUE TE PERMITAN CONSEGUIR LO QUE LOGRARÁS HACIENDO LAS COSAS BIEN.

LA FÓRMULA DEL ÉXITO PARA HACER REALIDAD TUS SUEÑOS ES HACER BIEN EL TRABAJO, POR MÁS DURO QUE SEA».

ARNOLD SCHWARZENEGGER

Manu
San Félix

Vellmarí Diving Center, Reserva30.org y Asociación Vellmarí

Conversación por mensajes de audio con Laura Mari Barrajón.

—¡Hola, Laura! Ey, te quería pedir un favor. ¿Tú has vuelto a hablar con Manu San Félix después de la visita de Jane Goodall? Le he enviado un mensaje por Instagram por lo del libro, pero no lo ha visto. Entonces, pensaba que, si tenías algo de contacto, ¿quizá podrías decirle que mire sus mensajes privados?

—¡Hola, Nerea! Pero, claro, ¡ya mismo le escribo!

Mensaje de Manu al día siguiente:

—Hola, Nerea. Sí, te recuerdo. Ayuda mucho tu nombre vasco :)

Encantado. Yo estoy aquí hasta final de mes. Luego salgo de expedición. Dime cómo prefieres hacerlo. Un abrazo.

———————————————————————

«Más importante que cumplir sueños es tenerlos», le escuché decir a alguien.

En la historia de Manu, no vas a ver una separación entre su negocio y él mismo. Manu San Félix no empezó por haber detectado una oportunidad en el mercado, sino por pasión, y su negocio no es más que una extensión de él mismo.

—Yo soy lo que soy por culpa de Jacques Cousteau y Félix Rodríguez de la Fuente. Yo quería ser uno de ellos —me dijo.

Manu es biólogo marino. Al terminar la universidad, comienza a trabajar como instructor de buceo solo para poder estar bajo el agua todo el día. Luego monta una escuela y, de a poco, empieza a meterse dentro de la fotografía submarina. Gana dos premios importantes y comienza a trabajar para National Geographic.

—Yo estaba ahí, metido en mi mundo, absolutamente feliz.

Al ver el deterioro del Mediterráneo, comienza a hacer divulgación y crea una ONG.

Hoy Manu es director de cinematografía submarina del proyecto Mares Prístinos de National Geographic, dirige Asociación Vellmarí, su ONG, que, entre otras cosas, restaura el fondo marino en el Mediterráneo y ayuda en la conservación de corales y en la recuperación del caballito de mar. Está detrás de la campaña Reserva30 para salvar el Mediterráneo y quizá lo que más orgulloso debe hacer al Manu de la infancia es que pasa la mitad del año en expediciones submarinas.

—Detrás de lo que hago hay una pasión que es una obsesión. Y hay hambre y hay ganas de seguir haciendo cosas. Y eso he descubierto que es una de las cualidades que comparten todas esas personas que han llegado lejos.

Yo terminé la carrera de Biología Marina en 1986 y comencé con el doctorado, que no llegué a terminar. Lo estaba haciendo sobre la foca monje del Mediterráneo. Porque sí, en el Mediterráneo había focas. Quedan pocas ya. Son uno de los mamíferos marinos en mayor riesgo de extinción. Dediqué cinco años de mi vida exclusivamente a la foca monje del Mediterráneo. Ahora tenemos el desafío de recuperarlas y la forma de hacerlo es protegiendo a los cachorros y creando áreas protegidas.

En este siglo, un millón de especies se están enfrentando a la extinción. Un millón. Pero, por otro lado, también tenemos especies que han estado prácticamente extinguidas, como el lince en España, y las hemos recuperado. Somos capaces de lo peor y de lo mejor. Aquí en Andorra mi animal favorito, la nutria, está en una situación terrible, casi desaparecido. Quiero empezar a grabarla, a dedicarle tiempo y estudiarla.

Yo soy de la generación que creció viendo a Cousteau. Soy lo que soy por culpa de Jacques Cousteau y Félix Rodríguez de la Fuente. Yo quería ser uno de ellos, pero en esa época nadie daba trabajo a un biólogo marino. Me hice instructor de buceo y patrón de barco. Siendo muy joven, era instructor avanzado y tuve la oportunidad de ir a Formentera y montar allí una escuela de buceo. Yo quería tener las herramientas para pasarme el día en el agua haciendo biología y fotografía, que son profesión.

Soy muy trabajador y a la escuela le fue bien. Mi mujer y yo tuvimos empleo y di empleo a otras personas. Creció y fue evolucionando a lo que soy yo. Hoy la escuela de buceo es más parecida a lo que es Manu San Félix: un biólogo marino con una cámara que hace el estudio, la defensa del Mediterráneo y la difusión. La parte de buceo es cada vez más pequeña, mientras la parte de ONG va creciendo. Pero gracias a la escuela tenemos tres barcos, equipos de buceo, compresores y unas instalaciones que nos situaron en una ubicación muy buena para comenzar el trabajo como ONG.

«Tengo la suerte de no haber perdido el hambre ni la pasión».

Aunque somos una ONG pequeña, tenemos una capacidad muy grande. ¿Qué nos diferencia de otras ONG? Esto lo suelo contar para inspirar a otros: que estamos en un lugar excepcional, prácticamente en el centro del Parque Natural de Ses Salines de Ibiza y Formentera, que, además, es patrimonio de la humanidad. Hay ONG magníficas y enormes, como Greenpeace u Océano, pero ellos están en oficinas en grandes ciudades. Nosotros estamos en un enclave natural, tenemos la mesa y a cinco metros, los barcos. Tenemos una disposición muy buena para trabajar en el medio natural y tener un buen rendimiento. Eso creo que es lo que nos está permitiendo crecer y conseguir fondos. Y vamos bien.

Me imagino que hay mucha competencia por conseguir fondos.

Creo que se juntan dos cosas: esa estructura que tenemos en el sitio que estamos y luego mi trayectoria: soy más o menos conocido, llevo treinta y tantos años haciendo lo mismo y con una trayectoria buena, lo cual es lógico cuando uno está haciendo siempre lo mismo: al final, por muy torpe que seas, llegas.

¿No se pasa el encanto con el buceo y el mar cuando se convierte en una parte tan normal de tu rutina?

No. Hay días que sí que me da un poco de pereza, pero debajo del agua siempre estoy feliz. A veces, en las expediciones, hago cinco horas al día sumergido. O sea, hago mucha agua. El año pasado hice más de ciento ochenta días en el océano. Y tengo la suerte de no haber perdido el hambre ni la pasión. Dentro de unos días me voy a mi expedición número 50, con Pristine Seas, un programa de National Geographic. Soy director de cinematografía submarina en estos lugares prístinos o intocados con el objetivo de salvaguardarlos.

¿Cómo?

Inspirando al Gobierno que tiene la soberanía sobre esas aguas para que lo proteja, porque protegerlos tiene beneficios ecológicos y económicos. Dentro de Pristine Seas, hay gente que trabaja sobre política y relaciones públicas, hay científicos y luego otros que hacemos la parte por la que es más conocida National Geographic: la imagen. Yo tomo esas imágenes que te conectan, que te enganchan, que te enamoran y que te hacen sentir lo que no puedes ver.

¿La gente se da cuenta del deterioro del Mediterráneo?

No. La gente no se da cuenta porque está de vacaciones y los que van ahora no saben cómo era en 1940. Pero es que en 1940 había focas en las playas, nadando por la costa. La gente no es consciente de eso y mucho menos de lo que había debajo del agua. La riqueza del mar era increíble. Pescábamos el bacalao con cubos. ¡Con cubos!

Pero hemos llegado a una situación de sobrepesca absurda. Hemos matado el 99% de los tiburones y a más del 95% de los peces grandes. Ahora, más del 80% del pescado que se consume en España viene de afuera.

¿Y cómo recuperamos la población de peces?

Con protección. Hay que proteger el 30% de los mares y océanos. Nosotros estamos con una iniciativa ambiciosa de recogida de firmas para que España sea el primer país que cierre a la pesca el 30% del Mediterráneo. Es una medida que beneficiará a la pesca. Es como si tuvieras cien vacas. Si matas noventa y nueve, te quedas sin negocio.

Hoy solo el 0.2% del Mediterráneo está protegido o cerrado a la pesca. Es de sentido común. Falta legislar el sentido común en el mar. Para eso estamos trabajando en Reserva30.org y vamos a empezar a hacer un trabajo muy importante de comunicación y difusión porque queremos llegar a millones de personas.

En Vallmarí trabajamos en tres áreas: protección de lo que nos queda, educación para recuperar lo que hemos perdido y comunicación de la situación y de lo que se debe hacer.

Sobre la posidonia trabajamos un montón. Hemos desarrollado una aplicación gratuita que es una cartografía de la posidonia que es para que la gente, cuando pasee en su barco, sepa dónde hay plantaciones de posidonia y no arroje ahí su ancla encima.

También germinamos y pintamos posidonia. El año pasado plantamos unas diez mil. Récord en el Mediterráneo. E involucramos a ciudadanos y a niños. Es un proyecto precioso.

Trabajamos en la protección de corales y la comunicación de su situación y tenemos también un proyecto sobre el caballito de mar que implica restauración y educación. Es un proyecto que enamora. El caballito de mar tiene como un imán. Hay especies que son así y hay que utilizarlas como embajadoras del fondo del mar.

¿Cuáles son los obstáculos que más te encuentras para llevar todos estos proyectos adelante?
¡Ufff! Es que estos treinta y dos años que llevo con Vellmarí han sido una olimpiada, una carrera de obstáculos interminables. Pero es que eso es la vida. Y tener éxito depende de la actitud que uno tenga frente a esos obstáculos. Hay que saber que forman parte de ese recorrido y hay que desarrollar una actitud positiva hacia las situaciones y hacia las personas. Primero, porque te da felicidad, y segundo, porque es lo que te permite avanzar. Y la suma de todos esos días es lo que hará tu balance de la felicidad.

Un logro que te haya hecho mucha ilusión:

Muchos. Como he luchado tanto para conseguir todo, luego estoy muy orgulloso de los resultados. El que se me viene ahora a la cabeza es el premio que recibimos del Gobierno de Baleares por la aplicación con la cartografía de las praderas de posidonia. Pero soy de mirar para delante y ver lo que queda por hacer.

Un referente:

Dos: Jacques Cousteau, que definió muchísimo mi vida, y mi director de tesis, profesor titular de Biología Marina en la Universidad de Valencia. Soy lo que soy y estoy donde estoy por su influencia.

Una frase que repitas mucho:

«Podemos cambiar el futuro a mejor a través de la educación» y «qué fácil es destruir y qué difícil es recuperar. Por eso es importantísimo que conservemos lo que tenemos».

«Estos treinta y dos años que llevo con Vellmarí han sido una olimpiada, una carrera de obstáculos interminables. Pero es que eso es la vida. Y tener éxito depende de la actitud que uno tenga frente a esos obstáculos».

Cristina Gutiérrez Lestón

La Granja Ability Training Center Barcelona, Madrid y Andorra. Autora de Entrénalo para la vida, Crecer con valentía y Líbrate del miedo.

—¡Hola, Ona! Ey, ¿te acuerdas de que me recomendaste a Cristina Gutiérrez para el libro? La estuve mirando y la parte emocional me cuadra perfectamente. Sería un puntazo que alguien que sabe gestionar sus emociones pueda hablar de eso y de cómo lo ha aplicado en el día a día de su empresa. ¿Tú me podrías hacer el contacto, porfa? Gracias, cariñete.

—¡Hola, guapa! Aquí te lo paso.

«Si dices en la misma frase "grande" y "éxito", te vendrán a la mente palabras como "arduo", "complicado" y "trabajoso". Sus impresiones se resumirán prácticamente en "difícil de conseguir" y "complicado de mantener" y les invadirá una sensación de agobio e intimidación», dice Gary Keller en su libro Lo único, en referencia a por qué hay gente que no quiere pensar en grande.

Cristina Gutiérrez Lestón ha logrado cosas muy grandes. De hecho, ha logrado crear una nueva profesión en España, la de educador emocional. Pero si hay algo que no vi en nuestra conversación es un atisbo de agobio o intimidación, más bien, lo contrario: presencia.

Si bien hace treinta años no visualizaba todo lo que ha conseguido, sí que había hecho el ejercicio de pensar en grande:

—En una formación, me piden que piense en grande y piense en un sueño. Y por cumplir con ese ejercicio dije: «Bueno, va, yo qué sé: cambiar la educación de este país». Me toman esa línea de llegada y me empiezan a pedir que desde ahí vea el paso anterior y luego el anterior y luego el anterior y así. Y ahí pude ver que era posible.

Eso es lo que se conoce como ingeniería inversa y transforma una meta intimidante en varios pasos accionables.

Y le funcionó. Y hoy hay algo de lo que Cristina está segura: que si cambias la educación cambias el mundo.

Hoy tienes este predio enorme en Barcelona. Tienes uno en Madrid y otro en Andorra. Cuando tú empiezas, ¿visualizabas que ibas a crear todo esto?

No, qué va. Para nada. Ni en sueños. Todo esto empieza porque en el 2002, cuando yo llevaba dieciocho años trabajando aquí cada día con niños una media de diez horas por día, me doy cuenta de que todo lo que siempre me había funcionado aquí en lo que es educación dejó de hacerlo. Los niños ya no me escuchaban como antes y no conseguía modular actitudes ni comportamientos.

Lo primero que hice fue quejarme: del sistema educativo, de los padres, de la televisión, de los políticos, etc. Fue un cambio muy rápido el que vi. Si hubiese sido un cambio gradual durante diez años, seguramente no hubiese hecho nada. Pero como fue en dos años lo noté fuerte. Estuve dos años quejándome. Yo y todo mi equipo. Y un día, mientras nos quejábamos, nos dimos cuenta de que, si los niños habían cambiado, entonces debíamos cambiar algo nosotros también y hacer algo distinto.

Cambiar lo de siempre no es fácil. Hasta que no haces el clic, sigues haciendo lo que siempre has hecho. Y buscando cómo poder volver a entenderme con los niños al final a quien encontré fue a mí.

«Cambiar lo de siempre no es fácil. Hasta que no haces el clic, sigues haciendo lo que siempre has hecho».

Yo no me daba cuenta de que hasta ese momento había sido una Cristinita pequeñita que había ido por el mundo con la mitad de la información. Yo sabía que París es la capital de Francia, el nombre de los ríos, todo eso que te enseñan en la escuela. Pero cuando tienes un problema de verdad, ¿de qué te sirve todo eso? Ahí fue cuando empecé a darme cuenta de que había un mundo emocional inmenso bajo la piel y que era, además, el detonante de las actitudes y comportamientos y que si yo quería modificarlas o modularlas me tenía que ir al origen de todo, que es la emoción. La emoción es una respuesta preconsciente de mi organismo ante cualquier cosa que pasa. Es preconsciente. Es antes de la conciencia. No podemos evitar sentir miedo, rabia o tristeza. Lo único que podemos hacer es regularlas.

Entonces, ese momento en que te das cuenta de que habías estado conviviendo con la Cristinita supongo que fue un antes y un después no solo en tu carrera, sino en tu vida. De repente, encuentras un nuevo propósito.

Sí, totalmente. Hubo dos momentos determinantes: ese momento en que quiero hacer algo distinto, pero no sabía qué. En aquel momento, no se hablaba de educación emocional. No sabíamos ni lo que era la comunicación asertiva. No tenía ni idea de por dónde empezar a tirar. Sabía que tenía que formarme y empecé a hacerlo en mil cosas. Hice una formación de liderazgo empresarial para comandos medios. Me acuerdo de que mis compañeros venían todos de grandes empresas. Yo no sabía qué hacía ahí, no tenía nada que ver. Pero tuve una muy buena profesora que era coach y empezó a enseñarme sobre el arte de hacer preguntas poderosas.

Recuerdo un día en La Granja que me vienen con dos niños que se estaban peleando. Le hice una pregunta al niño que había pegado. De repente, en dos minutos se solucionó el problema. Con una sola pregunta. «¡Esto es la pera!», pensé. Y ahí es cuando supe lo que quería.

Del coaching fui a la PNL. De la PNL a arteterapia. Todo. Fue como probar todas las frutas y verduras del mercado para quedarme con lo que me servía. Lo que no servía, fuera. Y lo que sí, formaba a mi equipo en eso.

Prueba, acierto, error. Una y otra vez durante doce años. Con herramientas que me tuve que inventar porque no existían. Lo bueno del ensayo-acierto-error es que cuando algo funciona, funciona porque lo has probado no desde la teoría, sino desde la práctica.

«Lo bueno del ensayo-acierto-error es que cuando algo funciona, funciona porque lo has probado no desde la teoría, sino desde la práctica».

El otro momento determinante fue cuando, después de tres años de hacer formaciones, leer y absorber todo, en un curso me piden que piense en grande y piense en un sueño. Y por cumplir con ese ejercicio dije: «Bueno, va, yo qué sé: cambiar la educación de este país». Me toman el ejercicio, me toman esa línea de llegada y me empiezan a pedir que desde ahí vea el paso anterior y luego el anterior y luego el anterior y así. Y ahí pude ver que era posible.

En ese momento, me juré a mí misma que haría todo lo posible para que los niños que pasaran por mis manos, sea por el tiempo que sea, no sean Cristinitas.

¿Cómo era Cristinita?

Era una niña muy optimista, muy positiva, pero que iba a una escuela en la que se recibía bastante maltrato. Los profesores me insultaban y me pegaban porque me equivocaba sumando. Y yo lo que hacía era una especie de coraza: lo que pasaba en el cole se quedaba en el cole. Llegaba a casa y era como si no pasara nada. Cuando mis padres se enteran, me cambian a un cole en donde el trato era mucho mejor. Ahí surge una nueva Cristina que empieza a creer un poquito en sí misma. Pero seguía siendo una niña obediente que no decía lo que pensaba.

Lo interesante es que esto que contabas empezó a pasar hace veinte años, o sea que hay una generación que pasó por La Granja y que tal vez ya son padres con mayor conciencia emocional. ¿Te has vuelto a encontrar con algunos de los que pasaron por aquí?

¡Y tanto! Mira, allá por el 2005, había venido un cole. Íbamos a hacer una actividad montando a caballo y le toca el turno a un niño gordito. La profesora le dice: «Tú no, que estás gordo y chafarás al caballo». Y yo que no, que este caballo pesa seiscientos kilos, no lo va a chafar. El niño estaba preocupado porque no quería hacerle daño, pero yo le dije que no se preocupara, que él podía hacerlo, que nunca dejara que alguien le dijera que no podía y menos por su cuerpo. El niño subió con dificultad porque estaba algo paralizado, pero yo le reforcé en todo momento que no debía escuchar a los que le decían que no podía.

Unos años después, se presenta un chaval en mi oficina y me pregunta: «¿Tú te acuerdas de mí?». Yo no lo recordaba. Me contó toda la historia y luego me dijo: «Pues yo no me he olvidado nunca de ti».

De alguna manera, ese niño era yo. Yo no era gorda, pero era la tonta. De alguna manera, a quien estaba rescatando era a mí misma.
Ahí me di cuenta de que una mirada puede cambiar la vida.

«De alguna manera, ese niño era yo. De alguna manera, a quien estaba rescatando era a mí misma».

Trabajas también con empresas.
Sí. Nosotros trabajamos no solo con niños, sino con empresas también, con muchas marcas muy grandes. Nunca hemos hecho publicidad. Nuestro éxito es el boca-oreja.

Empezamos con las empresas por los hijos. Una persona que tenía un cargo muy alto en una empresa muy importante trajo a su hija a La Granja y, cuando vio los cambios en su hija, quiso probarlo en adultos.

Parece que el secreto está en la presencia que tienes cuando haces tu trabajo, en la conexión con lo que haces, sin pensar en lo que viene después.
No, nunca. Lo mío es el presente. Siempre, siempre. Es que yo no soy muy business.

Pero te viene saliendo superbién.
Sí, me viene saliendo superbién. Es que si tú eres honrada y no vendes humo al final la gente viene. Pero no tardas tres años:

tardas veinte. En el 2014, yo ya vi que lo que hacíamos era muy potente. Ahí podría haber hecho publicidad, pero no. Preferí centrarme en el trabajo.

Todo el tema de expansión fue idea de mi hija. Me dijo: «Es que, mamá, te van a copiar». «Mejor, así más gente hará educación emocional», le respondí. «¿Y si te copian mal?». Entonces por eso creamos una metodología y un sistema de franquicias para que, si me copian, me copien bien.

Tú como emprendedora corres con ventaja porque tienes más herramientas para gestionar la parte emocional que implica tener un negocio. ¿Cuál es la emoción más importante con la que debes lidiar?
El miedo, la ansiedad. Sé que cuando estás con la emoción del miedo tomas las decisiones menos inteligentes o acertadas. Pero siempre que he dudado ha venido como una señal a decirme que siga adelante.

Un logro que te haya hecho ilusión:
Estoy especialmente orgullosa de haber inventado una nueva profesión en España, la de educador emocional.

Una persona que te inspire, que tengas algo así como un mentor:
Mis mentores son los niños. Tienen una capacidad reflexiva brutal.

Principales aprendizajes:
Conservar la humildad. Por mucho que pensemos que sabemos, sabemos poco.
Y que primero hay que trabajar, luego trabajar y luego seguir trabajando. La suerte te llega si estás trabajando. Si no, poca suerte tendrás.

Alguna frase que repitas mucho:

«Esto también pasará». Me lo repito en las malas, pero también cuando estoy en un momento muy guay. «Esto también pasará».

Un libro que te haya marcado:

El hombre en busca de sentido, de Viktor Frankl.

«A veces, no saber que no es posible hace que sea posible».

Josep Vidal

Elevadoos

[Mensaje de audio]

Hola, Josep. Soy Nerea. Vi el vídeo que me enviaste. Superinteresante lo que dices. Tienes las ideas superclaras. Te hago una propuesta: estoy escribiendo historias de emprendedores en Andorra (...) ¿Te sumas?

[Mensaje de audio]

Hola, Nerea. Mira, hace mucho que no me engancho con un libro, pero este me lo leería seguro. Cuenta conmigo.

—Es que no te he contado toda la historia —me dice Josep luego de la entrevista—, porque mi padre, luego de quebrar, entra en una depresión tan grande que acaba suicidándose.

Viktor Frankl dice que la última de las libertades humanas es la libre elección de la acción personal ante las circunstancias.

—Después de eso —me sigue contando—, mi hermano y yo podríamos haber pensado que el dinero es una mierda y la causa de todos los males. Sin embargo, hicimos lo contrario: intentar educar a la gente para que tome mejores decisiones financieras.

A eso se refería Frankl.

Josep Vidal es el fundador de Elevadoos, una empresa de educación financiera para niños que nace en el 2023 de ese propósito. El para qué estaba claro, ahora había que darle forma y vehiculizarlo. Pensó primero en un curso dentro de la academia financiera que tenía con su hermano, luego en un libro, o tal vez una ONG, o un curso para padres, o una *start-up,* hasta que dio con la propuesta actual, que ahora leerás.

—No nos han enseñado sobre todas las posibilidades que existen de hacer dinero y, si no nos lo explican, no sabemos que existen. Subconscientemente, estamos determinados a ser empleados.

Josep hablaba de otra de las libertades humanas: la libertad de poder conocer y elegir qué camino tomar.

Lo tuyo empieza con un propósito.

Sí, definitivamente. Mira, yo tuve la suerte desde pequeño que mi padre me enseñó a invertir. No era profesional de eso, era guardia forestal. Pero era una época en la que los mercados financieros eran muy buenos, venían subiendo mucho y se podía ganar mucho dinero sin saber demasiado. Más allá de que puso unos ahorros a nombre de mi hermano y mío en acciones cuando yo estaba cumpliendo cinco años, que fue algo importante, para mí lo que tuvo más relevancia fue que nos explicó desde el primer momento qué es lo que estaba haciendo ese dinero.

Yo recuerdo que no había internet, consultábamos el teletexto para saber cómo iba la bolsa. Y recuerdo cenar mirando eso, viendo cómo el dinero trabajaba para nosotros. Cuando nos fuimos haciendo mayores, a los doce o trece años, empezó a enseñarnos algunas estrategias bursátiles. Los sábados nos hacía ir a comprar el diario Expansión, en donde salían las acciones que iban a repartir dividendos, por ejemplo. Y entonces nos enseñaba a hacer un cálculo, una regla de tres muy básica, para determinar en cuál de ellas tenía más sentido invertir.

Y a ustedes eso les gustaba.

Era ganar dinero. Yo considero que a los niños que no les interesa ganar dinero es porque no tienen la necesidad. Normalmente, eso viene dado porque los padres consienten a los hijos. Si no le hago entender a mi hijo que lo que quiere cuesta un dinero y lo asumimos nosotros, pues nunca va a entender el valor.

Cuando nosotros queríamos algo, nuestro padre hacía que lo pagáramos con nuestro dinero. Y esta estrategia de los dividendos era una forma. Cuando nos regalaban algunos euros por nuestro cumpleaños o por algo, íbamos a ver estas acciones que repartían dividendos y lo invertíamos. Y quizá hacíamos trescientos o cuatrocientos euros por movimiento. Para un niño, estaba muy bien. Es una estrategia que ya no sirve, el mercado hoy es más eficiente y lo han corregido, porque era dinero gratis: comprábamos una acción, a la semana la empresa repartía dividendos y nosotros cobrábamos los beneficios que la empresa había tenido durante los años anteriores. Era dinero gratis.

Yo crezco entendiendo que esto es algo normal. Cuando me voy haciendo más adulto, me doy cuenta de que la gente no invierte. Y de forma natural se fue dando que fui enseñando y explicando a mis conocidos lo que significaba invertir y ahorrar. Y por más que trabajaba en otra cosa, eso siempre lo hacía de forma natural.

Pero a pesar de que mi papá tenía esos conocimientos financieros básicos, tomó decisiones financieras muy erróneas. A mis doce años, mis padres tenían una vida muy muy cómoda, con las vacaciones que queríamos y muchos juguetes en Navidad, pero a principios de la década de los 2000 viene la crisis de las puntocoms. Mi padre había invertido mucho en Terra y pierde prácticamente todo. En bolsa perdió muchísimo dinero, pero coincide con que toma otra mala decisión: la de abrir un negocio físico de restauración pese a no tener nada de experiencia en eso.

Él quiso abrir el restaurante al que él quisiera haber ido como cliente. Ese es un error bastante común: pensar en ese bar que nos gustaría sin analizar que tal vez no es rentable y que, además, es muy sacrificado. Lo hizo pensando como cliente, no como el propietario que necesita rentabilizar eso. Yo creo que mi padre, como mucha gente, tenía la necesidad de valerse a él mismo montando un negocio y pensó más en lo guay que sería que en cuánto dinero le daría o si esa era la vida que quería tener.

«Tienes que emprender no desde la necesidad de demostrarles a los demás, sino desde un deseo de ayudar a los demás».

Yo he identificado a mucha gente que abre bares o restaurantes desde el ego para invitar a sus amigos y decirles que ellos son propietarios de ese negocio. Pasa mucho que tenemos la necesidad de mostrar nuestra valía emprendiendo, diciendo «esto es mío». Y no creo que sea una buena idea.

Yo creo que tienes que emprender no desde la necesidad de demostrarles a los demás, sino desde un deseo de ayudar a los demás. La pregunta debería ser «¿cómo puedo ayudar a este nicho que tiene este problema a que su vida sea mejor?». Y a partir de ahí mirar que sea económicamente sostenible para crecer, para publicitarlo, darlo a conocer, contratar gente, etc. Si luego de eso te va muy bien y te haces millonario, probablemente sea porque has ayudado a mucha gente.

Mis padres estuvieron dos años trabajando a sol y sombra hasta que tuvieron que traspasarlo, perdiendo mucho dinero en el proceso y arruinándose.

Ahí es cuando el «persevera y triunfarás» no aplica.

Exacto. Por eso yo creo que la educación financiera es tan importante y tener las bases del emprendimiento. A los niños yo les enseño qué cosas tener en cuenta a la hora de emprender para saber que lo que estás haciendo tiene un sentido y un beneficio, al menos a largo plazo.

Muchas veces la gente tiene una idea, le parece muy buena y piensa que ya por eso va a ganar dinero. No. Hay muchas cosas detrás que has de tener en cuenta para hacerlo sostenible económicamente.

¿Qué hacías antes de crear Elevadoos?

Soy asesor financiero. Me dedicaba a la gestión patrimonial y a invertir en bolsa. Teníamos una academia de inversión en bolsa con mi hermano, con nuestra propia metodología.

Las ganas de enseñarles a los niños siempre han estado. Mi pasión son los niños. Mi sueño de vida es ser papá. Y quería hacer algo combinando eso y con la enseñanza de mi padre, de quien he aprendido más qué es lo que no hay que hacer con el dinero que lo que sí.

Si aprendes desde pequeño, el crecimiento es exponencial y lo tendrás mucho más fácil de mayor.

Mira, cuando cumplí treinta años, hice una fiesta. Pedí que no me trajeran ningún regalo. Les dije a todos que tenía pensado crear la cartera de mis hijos. Entonces les propuse que me ayudaran a crearla. Hice un juego: les mostré varias empresas interesantes a futuro, les mostré el precio de la acción y ellos tenían que elegir. Su regalo sería esa acción para mi hijo.

Qué bonito. Volviendo a Elevadoos, me imagino que, si yo veo que mi hijo está teniendo una educación financiera que yo como padre nunca tuve, debes de tener varios padres que deben querer sentarse al lado de su hijo para aprender también.

Esa es una cosa muy curiosa de la que me he ido dando cuenta. De hecho, hace unos días un padre me dijo que se había sentado con su hijo a ver los vídeos y que luego se le habían ocurrido cosas para aplicar en su propia empresa.

Estamos haciendo muchas dinámicas con los padres. Al final, los referentes para los niños siempre son los padres. Entonces si los padres están motivados o acompañan, eso potencia mucho más a los resultados que obtienen los niños. Ahora les estamos proponiendo que, si tienen una idea de negocio, que busquen de hacerlo con sus papás y que estos les ayuden a desarrollar esa idea, a pensar desde el nombre que tendrá la empresa hasta cuánto van a cobrar y cómo se darán a conocer.

O sea que estás creando empresarios.

Indirectamente. A mí no me gusta mucho decir que es una escuela para crear empresarios porque no todos los niños tienen por qué querer ser empresarios. Quizá quieren ser veterinarios. Perfecto. Lo que yo quiero es darles la oportunidad o la opción y que sepan lo que hay que hacer para ser empresarios.

Un niño no tiene la capacidad de ver lo que va a querer de mayor. De hecho, el mundo va a cambiar tanto cuando sean mayores que no tiene sentido que se lo pregunten ahora. Pero sí que podemos extraer de la idea de ser veterinario algunas preguntas que nos lleven a lugares interesantes: «¿Te gusta pasar tiempo con animales? ¿Qué animal es el que más te gusta? ¿El perro? Vale. Si te gusta pasar tiempo con los perros, ¿qué puedes hacer hoy para pasar más tiempo con los perros, estar ayudando a alguien, al perro, a su dueño, y que eso genere un valor que pueda traducirse en dinero para ti?».

Ese es el razonamiento que hacemos. Desde pasearlos hasta lavarlos, acogerlo durante las vacaciones o lo que sea. Entonces el niño empieza a pensar en un negocio en base a lo que él le gusta. Porque tú puedes ser veterinario y ser empleado de un centro veterinario, o puedes hacer otras cosas como crear un alimento para perros o un juego para perros y ser empresario.

O ser como tu papá y tener su trabajo como empleado porque no quieres llevar tu propia veterinaria adelante, pero saber que está la opción de invertir los ahorros en bolsa.

Por ejemplo. Y si eres veterinario y sabes que hay un nuevo método o fármaco que está ayudando a muchos perros, o una nueva marca de alimento que está teniendo mucho éxito, muy probablemente esa empresa cotice en bolsa. Y si cotiza en bolsa y puedes ver que le está yendo bien puedes poner tus ahorros ahí y que vayan trabajando para ti.

Es tener la opción y poder elegir. Porque todo esto no nos lo han explicado y si no nos lo explican no sabemos que se puede. Subconscientemente, estamos determinados a ser empleados.

Se puede ver muy fácilmente preguntándole a un adulto cómo se gana dinero. La respuesta de la gran mayoría es trabajando.

Dentro de Elevadoos, decimos que trabajar es una de las formas de ganar dinero. Nosotros decimos que hay cinco formas de ganar dinero: ofrecer servicios, ofrecer productos, intermediar, invertir y emprender. Para mí, trabajar está dentro de ofrecer servicios porque es ofrecer servicios para un tercero y para la empresa de un tercero, que sería lo contrario de emprender.

«Hay muchas formas de emprender y yo me siento cómodo con esta: empezar de a poco e ir creciendo».

Cuando les abrimos la mente de esta forma y les mostramos que hay muchas formas de generar dinero que pueden estar relacionadas con lo que a ellos les hace ilusión, les estamos dando la posibilidad de elegir y de no entrar en la carrera de la rata.

¿Cómo fue el proceso de crear Elevadoos?
Semanas antes de lanzar, Elevadoos iba a ser un curso para padres, para que ellos les enseñen luego a sus hijos. Pero me pongo a hablar sobre esto con una niña de once años y me doy cuenta de que la conversación es muy fluida, le había dado algunos trucos y había tenido buenos resultados. Ahí me di cuenta de que debía ser una formación para niños, pero, por lo que sea, no me estaba animando a hacerlo. Nunca había trabajado con niños, no soy pedagogo, ni siquiera padre, pero me di cuenta de que el lenguaje con esos niños preadolescentes o adolescentes se me daba bien, que nos entendíamos y que era capaz de empatizar tanto con adultos como con niños.

¿Qué pasó con las expectativas?
Lo lancé y el boca a boca funcionó muy bien. En las primeras cuatro semanas, ya teníamos los primeros once alumnos. Hijos de conocidos, principalmente. Hice un primer vídeo para redes que fue vergonzoso, pero tenía que lanzarme. Y el primer alumno vino

de ahí. Valido la propuesta con un vídeo que da vergüenza. Una persona de Perú lo ve y me dice que estaba buscando algo así para su hijo, que lo quería crear él, pero no tenía tiempo.

A partir de ahí fue desarrollarlo. Hay muchas formas de emprender y yo me siento cómodo con esta: empezar de a poco e ir creciendo.

De hecho, una de las ideas iniciales era hacer un libro. Luego la formación para padres que te comenté, después pensé en una ONG, un curso dentro de la academia que ya teníamos con mi hermano, una start-up y buscar inversores, hasta que llegué a la propuesta actual en donde vamos creciendo con los recursos propios. Y estamos creciendo de forma muy sana y orgánica.

«Pensar que tienes una idea lo suficientemente buena como para coger todos tus ahorros y tu tiempo y dedicarlos a eso, creo que es una barbaridad que no se la recomendaría a nadie».

Yo soy partidario de empezar a emprender desde lo pequeño. Pensar que tienes una idea lo suficientemente buena como para coger todos tus ahorros y tu tiempo y dedicarlos a eso, creo que es una barbaridad que no se la recomendaría a nadie. Y muchas veces no emprendemos porque pensamos que eso es lo que debemos hacer, pero hacerlo de ese modo implica tomar una decisión muy difícil porque es muy arriesgado. ¿Por qué no empezar con un producto mínimo viable, buscar alguien que esté dispuesto a pagar por eso, lanzarlo y aprender, mejorar o pivotar desde ahí?

¿Con qué obstáculos te estás encontrando?

La desventaja de empezar así, con tus recursos, es que debes hacer todo tú y formarte tú en todas las áreas que tu negocio necesita. Pero has de aceptar que vas a cometer muchos errores. El truco es cometerlos rápido y al menor coste posible.

El obstáculo es entonces tener que aprender cosas que no tenía intención de aprender.

¿Cómo gestionas emocionalmente el hecho de ser solo tú en la empresa?

La ventaja de estar solo es que no tienes que pedir permiso a nadie. Es pensar y ejecutar. Soy una persona que piensa demasiado y actúa poco, pero desde el principio me dije que aquí debía ser todo lo contrario. Por eso me voy poniendo fechas límite. Si no lo hiciera, todavía estaría pensando en el logo o el nombre.

Y luego externalizar las ideas con amigos y familiares, porque muchas veces ya por el hecho de hablarlo vas asentando esa idea.

¿Hay algo que no esté saliendo como esperabas?

Hay cosas que están siendo más complicadas de lo que esperaba. A veces piensas en «sota, caballo, rey», ¿no? Es decir, paso 1, paso 2 y paso 3. Y lo que me estoy encontrando es que paso 1 tiene ocho pasos con tres o cuatro variantes y que dependiendo de esas variantes te encuentras con otras más y así. Y cuando piensas que ya estarías en el paso 2, te encuentras que estás otra vez en el menos uno.

Hay mucho más trabajo de lo que esperaba. En mi mente, todo iba a ser más rápido y ágil.

Una frase que repitas mucho:

Dos: «Somos más que ayer y menos que mañana» y «la mejor forma de predecir el futuro de nuestros hijos es ayudándoles a crearlo».

Un libro:

El hombre más rico de Babilonia.

«La mejor forma de predecir el futuro de nuestros hijos es ayudándoles a crearlo».

Escucha esta conversación desde
soynereagutierrez.com/pequenos-relatos

Jessica Rivera Galián

Aumentium

—Ey, Nerea, que nos quedó trunca la entrevista que me ibas a hacer para el pódcast. Cuando quieras, volvemos a intentar —me dice Jessica un poco a los gritos en medio de una fiesta mitad *networking*, mitad Halloween.

—Tengo una idea mejor —le contesto debajo de mi disfraz de monja exorcista—: ¿y si la volcamos en un libro?

Jessica me mira con los ojos muy grandes. Muy. Creo que le gustó mucho la idea. ¿O quizá fue algo que hizo mi disfraz?

Jessica sabe en dónde está parada. Tiene los pies muy sobre la tierra, pero la mirada muy lejos. Y la tiene iluminada.

—A mí me gusta pensar a lo grande —me dijo. Y cuando me dicen eso, quiero seguir escuchando.

Jessica Rivera Galián es la cofundadora de Aumentium, una empresa que hoy es una cosa, pero, luego de leer esta conversación, te darás cuenta de que será otra. Y todos podremos ver esa evolución.

—Yo visualizo a Aumentium llegando a todo el mundo —me dice Jessica, con mucha fuerza en sus palabras.

Y esta es la parte que más enriquecedora me parece de todo ese compendio de historias: que cada comienzo es único y que todos empezamos como podemos y desde donde estamos, con mayor o con menor claridad.

Ya nos lo dijeron Carlos Monaj y Fabian Zuidinga: hay que empezar.

«Las únicas acciones que sirven de trampolín para un gran éxito son aquellas que previamente parten de pensar a lo grande —dice Gary Keller en su libro Lo único—. No temas a lo grande —sigue—, teme a la mediocridad. Teme al desaprovechamiento. Teme a no vivir a tope».

Jessica está muy conectada con su intuición y tiene una capacidad de visualización que fue el tema central de esta entrevista, que te recomiendo que también escuches. ¿La visualización como deseo? No. La visualización para saber en dónde estás ahora y tener el impulso de ir hasta donde te encantaría llegar.

¿Hace cuánto que están Jorge y tú con Aumentium?
A nivel operativo, un año.

¿Viene siendo como esperabas?
Pues mira, intento normalmente no hacerme una expectativa de cómo van a ir las cosas. Intento quedarme en un modo observador de la situación, de cómo fluye todo. Intento no hacerme expectativas, sino ser partícipe de lo que pasa.

Cuando uno se hace una expectativa, esperas algo. Y cuando no obtienes lo que esperas pueden pasar dos cosas. La primera, que si supera la expectativa entonces genial. Pero si no la supera, ¿cómo te gestionas? Además, ¿qué te aporta hacerte una expectativa? ¿Me aporta algo imaginarme cómo me va a ir?

Bueno, es que ¿qué te pide un plan de empresas? Que digas que al final de año vas a estar facturando tanto, con tantos clientes, y que lo vas a conseguir de esta forma.
Es que el papel lo soporta todo.

No sé tú, pero yo después de entrevistar a tantos empiezo a cuestionarme si realmente es efectivo ponerte metas.

Es que no es ni blanco ni negro. Por ejemplo, ¿me pongo expectativas? No, no como tal. ¿Visualizo cómo me gustaría? Quizá.

¿Y no es lo mismo?

No, porque no esperas que sea así. Quiero decir, es bueno visualizar y trabajar con la visualización para alcanzar tus objetivos, siempre y cuando no esperes que eso suceda, porque si lo esperas va a haber una respuesta emocional ante el resultado.

> **«Es bueno trabajar con la visualización para alcanzar tus objetivos, siempre y cuando no esperes que eso suceda, porque si lo esperas, va a haber una respuesta emocional ante el resultado».**

Es desapegarte del resultado.

Claro. Yo visualizo a Aumentium llegando a todo el mundo. Yo pienso en grande. Me gusta pensar en grande y, de hecho, recomiendo a todo el mundo que piense en grande. Todos tenemos algo grande que aportar a la humanidad. Todos. Seamos más o menos conocidos, seamos personajes públicos o no. Todas las personas tienen voz.

Cuando pienso a lo grande, yo visualizo cómo quiero que mi negocio vaya y evolucione, adónde quiero llegar.

Con Aumentium, hemos empezado por aquí, con la propuesta de servicio, tecnología, digitalización, mentorías también a nivel ya no solo de negocio, sino también de mentalidad. Pero Aumentium es un proyecto vivo, dinámico. Queremos poder ayudar a la mayor parte de las personas con proyectos totalmente sociales, que tengan que ver tanto a nivel humano como medioambiental.

Esta es la visión que yo tengo y no la voy a dejar de tener. Ahora bien, en mi día a día no estoy evaluando cuán cerca estoy de esa meta. Esa visión es mi estrella polar, mi propósito.

Hablemos de propósito.
El propósito es lo que nos llevó a Jorge y a mí a que naciera Aumentium. Queríamos a ayudar a las personas, al mundo entero. Tal y como lo tenemos ahora, nos gustaría humanizar la tecnología, que sea la tecnología la que se adapte a las personas o a las empresas y no al revés.

El Aumentium futuro, el Aumentium de nuestra estrella polar, es poder tener fundaciones...

Se te está iluminando la mirada.
Es que me emociona tanto la idea de poder ayudar a personas, a países, núcleos que necesiten ayuda humanitaria de diferentes niveles a que puedan prosperar para que puedan desarrollar el potencial humano en esas zonas.

> **«Esa visión es mi estrella polar, mi propósito. Ahora bien, en mi día a día no estoy evaluando cuán cerca estoy de esa meta».**

En nuestra visión, estará Aumentium empresa, con los servicios que podamos dar, que también es algo vivo y no se va a limitar a lo que estamos haciendo, pero si queremos ayudar a la humanidad crearemos una fundación concreta para hacerlo. Esto me lo imagino desde hace muchos años.

Yo creo en el potencial humano y creo en que todos nosotros podemos hacer cosas grandes. Lo que pasa es que hemos de creer en nosotros mismos y hacer un trabajo interior relacionado con la mentalidad.

Esto no es una utopía. Esto lo he vivido en mis propias carnes. Yo he trabajado con mi mentalidad para darle un giro a mi vida. Y solamente basta con que te conviertas en observador de tu propia vida. Todos somos creadores de nuestra vida. Lo que tú crees, lo creas. Tengo muchos ejemplos en mi vida de esto, no es que solamente lo he leído. No me gusta hablar de lo que leo, sino de lo que experimento.

Para lo que aspiramos, Aumentium ahora es un embrión.

¿Con qué obstáculos te estás encontrando en el tiempo que llevas con tu negocio?

Ahora mismo, como estamos trabajando territorio en Andorra, el obstáculo es que las empresas vean el beneficio de incorporar la digitalización. Estamos caminando y haciendo bastante divulgación. Poquito a poquito.

Pero el mayor obstáculo que uno puede tener es uno mismo. Esto es evolucionar continuamente y liderarse a uno mismo.

¿Y aprendizajes?

Que lo importante cuando uno emprende es quién eres tú, más que los conocimientos que tengas, que evidentemente te completan como profesional. Pero en un mundo tan cambiante como el actual, quién eres tú y tu capacidad de reinventarte ante lo que sucede, de adelantarte a lo que pasa, de tener la visión y la capacidad de creer en ti mismo, de darte el permiso de hacer cosas para mí es lo más importante.

Y que debo ser menos autoexigente.

Un consejo empresarial que te hayan dado que no te esté dando resultados o con el que no estés de acuerdo.
Que si las cosas funcionan así y están funcionando, ¿para qué cambiarlo?

Una frase que repitas mucho, algo así como un mantra.
«Yo soy». Es una frase que me repito cuando necesito parar y volver a mí.

Un libro.
Las 36 leyes espirituales de la vida, de Diana Cooper.

«En un mundo tan cambiante, quién eres tú y tu capacidad de reinventarte ante lo que sucede, de adelantarte a lo que pasa, de tener la visión y la capacidad de creer en ti mismo, de darte el permiso de hacer cosas para mí es lo más importante».

Escucha esta conversación desde
soynereagutierrez.com/pequenos-relatos

Lara de Miguel

Culturalia, Enterprising Women Lab y Club Minerva. Autora de Bienvenida a la realidad.

Conversación con Lara de Miguel una tardecita de invierno en un café de Andorra la Vella mientras me firmaba su libro *Benvinguda a la realitat.*

—Te quería contar que estoy escribiendo un libro y que, por la experiencia que me has contado con Culturalia, Enterprising Women Lab, con Minerva y ahora con tu libro, me gustaría que estés —le digo a Lara.

—Claro, cuenta conmigo. ¿Y quieres venirte un día al club a dar un taller?

—He aprendido a no ponerme límites —me dijo Lara— porque si hace cinco años me hubieses preguntado si hoy tendría un libro escrito y publicado te habría respondido que no.

Está comprobado que cuando haces cosas pasan cosas y que los puntos se unen hacia atrás y no hacia delante. Nada nuevo, lo dijo Steve Jobs. Lo que hoy puede que no tenga un montón de sentido, en algún momento lo tendrá y debemos confiar en eso.

Richard Branson dice que un camino de mil millas comienza con un primer paso y que, si miramos todo lo que tenemos por delante e intentamos anticiparnos a todos los obstáculos con los que podremos encontrarnos en el camino, probablemente nos intimidemos y no lo demos.

Lara cofundó Culturalia «porque no le quedó otra». Luego, y por haber sufrido discriminación de género, organizó unas jornadas de emprendedora femenina a las que llamó Enterprising Women Lab (EWL) con una intención similar a la de Culturalia, pero en otro segmento.

Pero mira esto: de no haber existido Culturalia, posiblemente EWL no habría nacido. Y como Club Minerva es una continuación de lo que fue EWL, entonces es probable que el club tampoco hubiera visto nunca la luz de no haber dado aquel primer paso.

Y ahí es cuando uno puede mirar hacia atrás y ver que es verdad que el camino se hace andando, que cada experiencia da lugar a una nueva que inicialmente ni siquiera habíamos considerado y que para que el efecto dominó comience lo único que debemos hacer es darle un pequeño golpecito a esa primera pieza.

Empecé con Culturalia porque no me quedó otra. Yo soy de aquí, de Andorra. Siempre fui la empollona del cole, pero llegó el momento de ir a la universidad y no me decidía entre Económicas y Periodismo. Estuve un año parada decidiendo. Hasta que le pregunté a Google qué era mejor. Si yo no me decidía, que Google decidiera por mí, ¡ja!

Y se me abrió un universo, porque vi que en Madrid había una universidad que daba las dos carreras conjuntas. Hice eso y luego una maestría para ser presentadora de TV. Al mismo tiempo, trabajaba en el Atlético de Madrid como una de las responsables de patrocinio y como encargada de hacer cumplir los contratos. Tenía veintitrés años y me lo pasé pipa. Pero tenía contrato de becaria y por eso me terminé yendo. Trabajaba muchísimas horas por una miseria de sueldo.

Me imagino que estando en Madrid y haciendo lo que hacías verías oportunidades de crecimiento por todos lados. Y te vuelves a Andorra y de repente la cosa cambia.
Sí. Lo más rápido y sencillo fue trabajar en la banca. Estaba super a gusto en mi trabajo porque trabajaba en un departamento que me gustaba mucho en el área de proyectos relacionados con la digitalización de esta entidad financiera. Pero llegó el momento de los despidos masivos y fui una más.

No tuve otra opción más que reinventarme. Yo ya conocía a quien hoy es mi socio en Culturalia, que en ese momento era el director de un periódico de Andorra para el que yo hacía unos trabajos freelance y por una situación puntual que luego te contaré me ofreció montar algo juntos. Y así nace Culturalia.

Tuvimos mucho más claro cómo no iba a ser nuestra empresa que cómo sí iba a ser. Pusimos desde el principio las líneas rojas que no cruzaríamos. Propusimos dos cosas. Por un lado, el magazine digital sobre cultura del país; por el otro, ser una empresa de comunicación, asesoramiento y marketing especializada en el mundo de la cultura. La especialización ha sido muy importante. Si bien hemos aceptado proyectos fuera del ámbito cultural, el grueso de nuestros clientes viene de ese mundo y es por lo que se nos conoce.

Nuestro gran objetivo era dar a conocer a todos estos artistas emergentes en Andorra que, como son emergentes, nadie habla de ellos. Quisimos ser un altavoz para toda esta gente que necesita un poco de impulso.

Esta situación puntual que te mencioné antes, que es la que nos lleva a abrir Culturalia, tenía que ver con que yo había sufrido discriminación de género. Entonces, además de Culturalia, quería tener también un proyecto propio en el que sintiera que podía ayudar a otras mujeres que habían pasado por algo así. Porque si yo lo había vivido, seguramente muchas otras también.

«La especialización en un nicho concreto nos ha sido muy importante».

¿Te sientes cómoda si te pregunto más detalles sobre eso?
La situación fue que yo tenía que firmar un contrato para trabajar en una empresa en la que había colaborado como freelance y en el momento de la reunión para firmar me dijeron literalmente: «Hasta ahora nos has demostrado que eres guapa y rubia; ahora nos tienes que demostrar que eres lista y aceptar un 35% menos del salario».

Salí de esa reunión diciendo que los iba a demandar. Y quien es mi socio ahora me dijo que me acompañaría a hacer la denuncia porque tenía toda la razón.

Finalmente, no la hice, pero ahí nace Enterprising Women Lab. Porque me di cuenta de que si yo, que creo que soy una mujer con carácter fuerte y autoestima alta, me he visto en una situación así y me afectó, imagínate una persona que no tenga ni mi carácter ni mi autoestima.

Ahí fue cuando se me ocurrió replicar ese altavoz que éramos para los artistas emergentes con Culturalia con mujeres emprendedoras.

Ahora entiendo de dónde vienen las historias de tu libro Bienvenida a la realidad.

Sí, de los micromachismos, del techo de cristal y de la discriminación de género. Hay sectores muy masculinizados en donde el trabajo de las mujeres es invisible, en donde en un equipo de diez personas hay solo una mujer, y quise reivindicar toda esa labor.

¿Tenías claro qué estructura le ibas a dar a Enterprising Women Lab?

Si te soy sincera, Enterprising Women Lab me comió. Lo pensé como un evento anual de una sola jornada. Era como cada año organizar una boda. Y buscaba organizarlo lo más cercano posible al Día Internacional de la Mujer Emprendedora, que es el 19 de noviembre.

El formato que le dimos fue de charlas, sobre todo, inspiradoras seguidas de talleres. Invitaba a cinco o seis mujeres muy potentes en su sector porque quería reivindicar que la mujer puede ser lo que le dé la gana de ser y que el emprendimiento no es exclusivo al mundo de los negocios, sino que lo puedes aplicar en cualquier sitio en donde tengas una iniciativa, sea desde el deporte, la ciencia o la cultura.

Como ves, Minerva fue la evolución lógica de esas jornadas. Esas jornadas eran gratuitas, era algo totalmente altruista.

¿Por qué lo planteaste como algo gratuito?

Porque así lo decidí en su momento y hoy estoy aquí por eso. El primer año lo disfruté muchísimo, pero sí que, a raíz de esa primera edición, el segundo año quise expandir un poco más y exigirme un poco más. Edición tras edición, me fue consumiendo, porque era dedicarle mucho tiempo a un proyecto sin ánimo de lucro.

Pero, claro, lo que empezó siendo una jornada se convirtió en un magazine y en una consultoría gratuita de una hora para mujeres que quisieran emprender y no supieran cómo. En esta consultoría también teníamos colaboradores que, también de forma gratuita, brindaban sus servicios, teníamos un canal de pódcast...

Tenías casi una ONG.
Prácticamente. De una cosa pequeña se me hizo toda una bola. Y me di cuenta de que era algo que me llenaba mucho, pero que tenía que encontrar la manera de rentabilizarlo para poder sostenerlo. Y ahí es cuando nace Minerva.

Pero todo se ha ido retroalimentando. Gracias a toda esta experiencia, hoy puedo tener el club y pude escribir un libro, porque si hay algo que Enterprising Women Lab me ha permitido y que agradezco muchísimo es conocer muchas historias de mujeres que son las que me han impulsado a escribir estas historias.

«Cuando empecé a emprender, no tenía ni idea de todas las posibilidades que se me irían abriendo».

Por eso cuando me preguntan si los relatos de discriminación de género en el libro son reales, yo respondo que puede ser que sí como puede ser que no. El libro está escrito como ficción y hay algunas situaciones algo exageradas, aunque creo que bastante sutil si pienso sobre cómo también se podría haber enfocado.

¿Qué obstáculos has visto en todos tus proyectos?
Con EWL fue el financiamiento. El aporte gubernamental fue disminuyendo a lo largo de las ediciones. Hice tres ediciones y la cuarta la tuve que aplazar porque no pude encontrar fondos suficientes para organizarlo y es muy complicado que empresas privadas patrocinen actos así.

La última edición la hice de pago, con un precio simbólico, y la afluencia bajó muchísimo. Aquí estamos muy acostumbrados a que todo sea gratis y las instituciones públicas nos hacen un flaco favor: los comuns, o ayuntamientos, y el Gobierno ofrecen todos los eventos culturales de manera gratuita. Te vas a España y tienes que pagar la entrada a cualquier museo que vayas. Aquí en Andorra no, hay demasiadas cosas gratuitas y cambiar esa mentalidad cuesta mucho.

Pero he visto que cuando tú pones un precio es cuando la gente lo valora. Hasta que no lo haces, la gente no percibe ese valor de la misma manera. Por eso a Minerva lo pensé desde el primer día como un servicio de pago. Yo ya no puedo regalar más mi tiempo.

Con Minerva, el obstáculo más grande al momento de idearlo fue encontrar nuestra sede, el lugar en donde juntarnos todas y hacer los talleres, las actividades de ocio y los desayunos. Ese fue el principal. Luego son las cosas pequeñas del día a día.

Y ponerme horarios. Me dan las once de la noche y yo sigo trabajando. Me está costando encontrar el equilibrio.

Un gran aprendizaje de estos años de emprendimiento:
He aprendido a dejar de ponerme límites. Cuando empecé a emprender, no tenía ni idea de todas las posibilidades que se me irían abriendo. Cosa que pienso, cosa que creo que puedo hacer. Hace cinco años, si me preguntabas si escribiría un libro, te habría dicho que no. Y aquí estamos.

Es el aprendizaje y mi gran mantra: no te pongas límites.

Un referente:
Dos: Coco Chanel y Bertha Benz. Coco Chanel tenía un mantra que decía: «A mí no me gustaba mi vida, entonces me creé una

nueva». Esa frase la tuve muy presente cuando empecé a emprender. Además, fue quien le quitó a la mujer el corsé y la falda para vestirla con pantalón y camisa.

Y Bertha Benz era la mujer del señor Benz, el de los coches. Este señor pasó por un momento en su vida en el que ni siquiera él confiaba en lo que estaba creando ni en su proyecto. Bertha se subió a ese coche, que ya sabemos que los primeros eran como un carruaje tirado por un motor, y se hizo cien kilómetros por Alemania en catorce horas mostrándoles a todos ese nuevo invento. Fue ella la que realmente impulsó Mercedes-Benz, porque ni siquiera su marido llegó a tener esa genialidad.

Ellas pudieron y lo tenían el triple de jodido que nosotras.

Un libro:

La ridícula idea de no volver a verte, de Rosa Montero. Hace una reflexión sobre tres generaciones: la de ella, la de su madre y la de su hija, y sobre estas cosas que nos pueden decir nuestras abuelas de tipo «si yo hubiese nacido cuando tú has nacido...» o «lo tenéis todo y os quejáis de todo», y luego ves cómo muchas cosas han cambiado para bien para las mujeres y en muchos otros aspectos parece que vamos a peor.

«Mi aprendizaje es mi gran mantra: que no debemos ponernos límites».

Josefina Soffía

Be Forest

De: @soynereagutierrez
Para: @beforest.andorra
Hola, Jose:
¿Cómo va? Vengo con una propuesta. Mira, estoy en proceso de escribir un libro sobre emprendedores en Andorra (...)

De: @beforest.andorra
Para: @soynereagutierrez

Hola, Nerea:
Ohh, ¡qué lindo proyecto! Muchas gracias por pensar en mí. Sería un honor participar.

La historia de Josefina es la historia de la epifanía, la historia del «hasta que un día todo tuvo sentido». Repasando la entrevista y cómo su idea de crear un negocio relacionado con el bienestar y los bosques fue germinando, me acordé de este trozo del libro *Libera tu magia*, de Elizabeth Gilbert:

Creo que nuestro planeta está habitado no solo por animales y plantas y bacterias y virus, sino también por ideas (...) Las ideas no tienen un cuerpo material, pero sí tienen conciencia y definitivamente tienen voluntad. Se mueven por único impulso: que se las manifieste. Y la única forma que una idea tiene de manifestarse en nuestro mundo es mediante la colaboración con un socio humano (...)

Por lo tanto, las ideas se pasan una eternidad dando vueltas alrededor nuestro buscando un humano colaborador. Y cuando cree haber encontrado uno, digamos a ti, que pueda traerla al mundo, te hará una visita e intentará captar tu atención. En general, no te darás cuenta. Puede ser porque estés tan consumido por tus propias preocupaciones, ansiedades, distracciones, inseguridades y obligaciones que no estás receptivo a la inspiración (...) Pero a veces puede ocurrir que un día estás relajado y abierto a recibirla. La idea, percibiendo esa apertura, comenzará a hacer su trabajo dentro de ti.

Esa idea estuvo dando vueltas dentro de Josefina y de Joan durante mucho tiempo, solo que no le encontraban la forma. Buscaban, pero no daban con algo que les resonara realmente y pudiera unir todo su conocimiento y experiencia.

Hasta que un día...

¿Por qué viniste?

Por amor. Mi marido es catalán y hacía temporada en Chile. Lo conocí en Chile porque los dos éramos monitores de esquí. Él hacía temporada en Andorra y yo en EE. UU., pero estaba cansada de EE. UU. y cuando lo conocí a él empezó a tirar todo para aquí.

Aquí encontré un ritmo de vida que va conmigo, una vida más calmada. Yo vivía en Santiago y tenía un ritmo de vida muy intenso. De a poco, me fui dando cuenta de que me sentía más conectada conmigo cuando estaba en la montaña y al aire libre.

Cuando vives en la ciudad, sueles hacerte escapadas a lugares más tranquilos. Yo me di cuenta de que no quería que sean escapadas, sino que fuese esa mi realidad. Yo no quería tener que escaparme de mi día a día, sino que mi día a día sea así.

¿De dónde nace la idea de Be Forest? ¿Viene de algún lugar personal?
BeForest nace como In2 the Forest en el 2020, pero nadie entendió el «In2», así que tuvimos que cambiarlo.

Nuestro enfoque nunca fue el místico, sino el científico: ver qué dicen los estudios sobre ingeniería forestal, qué pasa en los árboles que nos afecta a nosotros y la relación con nuestra salud.

Pero todo empezó desde la observación. Joan, mi marido y socio, trabaja como guía de montaña y también es neuropsicólogo. Yo vengo del mundo de la pedagogía, soy guía Montessori. Y ambos empezamos a ver que la gente que venía a las salidas que él organizaba como guía de montaña salía con un nivel de bienestar muy grande. Siempre hemos sabido que el deporte libera endorfinas y nos hace muy bien a nivel energético, pero no es el mismo resultado hacerlo en un gimnasio que al aire libre. Ahí empezamos a ver el efecto del entorno y se nos encendió la idea de en algún momento crear un negocio en este ámbito, pero no le encontrábamos bien el ángulo y la diferenciación con lo que ya había.

Por otro lado, nosotros teníamos la rutina de salir por la montaña, o a correr ni bien llegábamos de nuestros trabajos y antes de preparar la cena, o lo que tocara. Y hubo un momento en que Joan tuvo un problema en el tobillo, entonces, como no podíamos salir a correr, salíamos a hacer alguna infusión a la montaña. Al día siguiente, a la infusión le sumamos un libro. Y, poco a poco, empezamos a usar el bosque como sala de estar. Es que nos cambiaba el chip.

«Demasiada gente vive con actitud de "bueno, un día menos"».

Sin darnos cuenta, pasó a ser parte de nuestra rutina. Teníamos una reunión y nos íbamos afuera a prepararla y todo fluía mucho mejor. Y en ese momento que nosotros ya estábamos viviendo el efecto que tenía el bosque en nosotros aparece un libro que se llama La vida secreta de los árboles, que habla de toda la comunicación que hay dentro de un bosque, sobre esa conexión que hay entre los árboles, que ahora se sabe que no solo es por las raíces, sino también vía aérea, por fitoncidas. Es muy interesante, porque se ha visto que comunican ciertas cosas, sobre todo los peligros.

Por ejemplo, hay un estudio que se hizo en África, en donde observaron que las jirafas comían de un árbol, luego probaban el de al lado y se iban. Esto sucedía reiteradamente. Con medidores de PH en el aire, comprobaron que ese primer árbol del que comían liberaba una sustancia que, de cierto modo, le avisaba al siguiente del peligro para que este cambiara su PH y, por lo tanto, el sabor de sus hojas para protegerse.

Ahí nos damos cuenta de que el bosque es más que un grupito de árboles.

Tiempo después, vemos en un libro el concepto de baño de bosque (en japonés shinrin - yoku), sobre la filosofía de los japoneses de estar en contacto con la naturaleza, de trabajar los huertos, y nos encantó. De pronto, vimos que había una teoría sobre eso que sentíamos. Nos pusimos a estudiar y descubrimos todo un mundo nuevo.

Entonces, a esa idea inicial que teníamos de hacer algo con la montaña y al aire libre, ahora le sumaríamos esto.

Me formé como guía de baños de bosque y Joan en terapia de bosque, que no son lo mismo. La terapia de bosque es una terapia complementaria a un tratamiento psicológico, por ejemplo.¿Qué pasa con estas terapias? Que el sistema inmune sube y el cortisol baja y en dos horas ya te sientes mucho mejor.

«La especie humana nunca mejorará si no se siente querida, sobre todo en la infancia».

Pero empezaron a venirnos los miedos y la inseguridad, porque se trataba de un concepto nuevo que podría confundirse con un paseo por la montaña.

¿Qué se hace en un baño de bosque?
Como el objetivo es conectar con el entorno, lo primero es desconectar de todo lo otro.

La forma de conexión es muy concreta a nivel de los sentidos: vamos a oler, vamos a escuchar, vamos a tocar. Es mindfulness. Es muy efectivo. Y se activan los sentidos, que normalmente nuestro cerebro bloquea: para no escuchar tanto ruido, para no sentir tantos olores. Estamos hiperestimulados. Y tanto estímulo nos afecta luego a la calidad del sueño, por ejemplo. Los baños de bosque resuelven esto de una manera bestial.

¿Con qué obstáculos te estás encontrando?
A nivel comunicativo, ha sido un desafío, porque no queríamos que se nos asociara ni con algo deportivo ni con algo místico.

Pero los obstáculos han ido mutando y han sido principalmente internos. Los desafíos más difíciles son los que uno tiene dentro.

¿Cuál es el mayor aprendizaje que te está dando Be Forest?
Que demasiada gente vive con actitud de «bueno, un día menos».

Como quienes van al gimnasio y dicen «listo, hecho» y van tachando cosas de la lista.
Sí. Como que muchos hacen las cosas sin un sentido real y solo porque sienten que hay que hacerlas. Lo bueno es que un baño de bosque es el escenario perfecto para darse cuenta de estas actitudes y hacer el clic.

Y otra cosa que he aprendido es algo que ya sabía, pero que he confirmado: que la gente necesita sentirse querida, especial, escuchada. La especie humana nunca mejorará si no se siente querida, sobre todo en la infancia, con los niños. Los estamos dejando muy solos.

Lo que menos te gusta de ser emprendedora:
La inestabilidad económica y luchar contra la comodidad de esperar el sueldo a fin de mes, que se acentúa más teniendo una niña pequeña.

Un libro:
Into the Wild, aunque prefiero la película por la banda sonora.

«Los desafíos más difíciles son los que uno tiene dentro».

Agradecimientos

Quiero agradecer mucho a cada una de las personas que accedieron a las entrevistas para este compendio de historias de emprendedores. La idea de este libro surgió varios años antes de ser escrito y pospuse la ejecución porque «¿quién me va a decir que sí si no me conoce nadie?».

Gracias a todos los que aceptaron ser parte de un libro liderado por una desconocida.

Gracias a todos los que aceptaron contribuir a la inteligencia colectiva e inspirar a todos aquellos que quieren entrar al terreno de juego, a esa arena de la que habla Theodore Roosevelt, en la que prevalecen rostros llenos de polvo y sudor.

A Angie García, que, sin apenas sospecharlo, fue algo así como la partícula de Dios.

Y gracias a la vida, por haberme empujado a bajarme de las gradas.